基层图书馆实务丛书

中国图书馆学会策划

执行策划：卓连营

基层图书馆信息资源建设与服务

主编　屈义华

编委　万文晴　田碧　郑欣

國家圖書館出版社

图书在版编目(CIP)数据

基层图书馆信息资源建设与服务/屈义华主编.—北京:国家图书馆出版社,2011.4

(基层图书馆实务丛书)

ISBN 978-7-5013-4014-9

Ⅰ.①基… Ⅱ.①屈… Ⅲ.①基层图书馆—图书情报工作—研究 Ⅳ.①G258.2

中国版本图书馆 CIP 数据核字(2011)第 027534 号

责任编辑:金丽萍

书名 基层图书馆信息资源建设与服务

著者 屈义华 主编

出版 国家图书馆出版社(原北京图书馆出版社)

(100034 北京市西城区文津街 7 号)

发行 010-66139745 66151313 66175620 66126153

66174391(传真) 66126156(门市部)

E-mail cbs@nlc.gov.cn(投稿) btsfxb@nlc.gov.cn(邮购)

Website www.nlcpress.com→投稿中心

经销 新华书店

印刷 北京华艺斋印务有限公司

开本 880×1230(毫米) 1/32

印张 6.625

版次 2011 年 4 月第 1 版 2011 年 4 月第 1 次印刷

字数 200 千字

书号 ISBN 978-7-5013-4014-9

定价 35.00 元

本书出版，

得到中国图书馆学会的经费支持

目　录

1 基层图书馆信息资源建设基本要点

1.1 信息资源建设[①]

自20世纪40年代申农和维纳分别提出信息论和控制论以来,人们对信息的认识可谓众说纷纭。不同领域的专家学者从不同的学科角度,作出了不同的解释。据统计,公开发表的有关信息的定义有上百种,这说明信息是一个多维和多层含义的概念。[②]

信息是事物运动的状态与方式,是物质的一种属性。它是一个争论颇多的尚无定论的概念,但又是一个对许多研究领域,包括自然科学和社会科学领域,都有着十分重要意义的概念。当今的社会是信息社会,信息已渗透到了各个学科领域,并在一定程度上推动了一些新兴学科的发展。

"信息资源"(Information resource 或 Information resources)一词来源于美国,是随着美国信息资源管理(Information Resources Management,简称 IRM)的兴起而产生的术语。信息资源是经过人类选取、组织、序化的有用信息的集合。

自近代图书馆学在我国诞生以来,我国图书馆信息资源建设工作的名称一直处于变化之中。其变化过程是:采访→藏书补充→藏书建设→文献资源建设,现在则演变为信息资源建设。

文献资源建设理论是对藏书建设理论的丰富和发展,它突出强调了文献收藏的整体观念,彻底摒弃了自给自足的思想,确立了资源观念和特色观念,推动了我国图书情报界文献资源共建共享的步伐。而

① 高波,吴慰慈.从文献资源建设到信息资源建设.中国图书馆学报,2000(9)

② 代根兴,周晓燕.信息资源概念研究.情报理论与实践,1999(6)

文献资源建设向信息资源建设发展的观念是得益于信息技术和因特网的迅速普及,以及图书馆馆藏空间发生的结构性变化。网络环境下的信息资源建设既包括文献型的资源建设,也包括数据库的建设,还包括对网络信息资源的开发和组织。

"藏书建设"发展到"文献资源建设"是历史的必然,而"文献资源建设"发展为"信息资源建设"是满足经济建设和科学发展的需要,是人类记录和传播知识、信息方式的巨大变化导致的资源建设理论的嬗变。

1.2 基层图书馆资源建设理念

基层图书馆资源建设理念直接指导和影响资源建设的实践。我国基层图书馆资源建设并不缺少先进而又实用的服务理念,对大多数图书馆而言,是先进的资源建设理念严重缺失。主要表现在如下方面:

1.2.1 唯经费论

资源建设以经费投入为基础,没有投入,或投入不足,就无法进行资源建设,这是大多数基层图书馆认识上的误区。其实,在我们身边充满资源,有些确实需要购买,但也有许许多多免费的资源,需要我们去认识、发现和挖掘。比如说,读者也是一种资源。某图书馆在读者办证过程中,把有专长的读者集中,建立了"专家读者资源库",以备读者需要的时候提供专门服务。该库建立不久,一位读者通过网络提出了一个参考咨询服务的请求,希望解决技术难题。该馆接到请求后,从读者专家库中查询到一位相关专业人员,经他指点,短短的二十分钟内,就顺利地解决了读者的要求。这个例子说明,要善于发现资源,利用资源,有些资源并不需要投入经费。

再如,一个地区企业的产品目录,一般来说是不收费的。基层图书馆坚持长期、系统收集这些资料,到一定规模后,就是一部本地企业的发展历史和本地经济发展状况的重要资料。把这些资料进行深加工,制成本地产品目录数据库,就成为向外宣传、推介本地经济的重要资源。随着本地产业特色的形成,在图书馆中又派生出许多特色馆藏或特色数据库。系统、全面收集本地政府、企业及有关单位的会议资料,若干年后,就可能是一部本地社会、经济发展历史全书,能对后人借鉴前人经验提供重要参考。

有了经费,也并不意味着就有了资源。20 世纪 90 年代,被称为"盛世之典"的线装本《四库全书》采用手工宣纸、手工印造、手工装帧,全套共 1184 册。该书是我国有史以来规模最大的线装图书出版工程。国内一些县区级图书馆惊叹于该书的精美装潢,古籍图书的历史价值,纷纷投重金收藏。对一个基层图书馆来说,购买这样的图书,体现更多的是一种收藏心理的满足,而疏忽资源效益。图书馆资源的效益是在使用中得以体现,我们只能在实践中不断寻求经费投入与资源效益的最大化。我国绝大多数基层图书馆经费都十分紧张,把每一分钱都用在刀刃上,才是我们该做的。

1.2.2 贪大求全

某市少儿图书馆,为了形成本馆特色,提出争取在 2—3 年内把全国各地的地方志收集齐全。实际情况却是,该项目虽然立项已有几年,但效果并不理想,到目前为止,只收齐了本省各地、县地方志,其他省、地的地方志由于种种困难,无法收集齐全。这是一种典型的贪大求全的实例。作为一个市级图书馆,尤其是少儿图书馆,钟情于地方志,而且要收集齐全全国的地方志,显然超越了本身工作范围,也不切实际。

大而全,不是基层图书馆所应有的目标。无论是在过去还是现在,任何单一的图书馆对"每个读者有其书"的需求都无法全面实现,尤其处在现代信息化社会,图书馆要想收藏读者所需要的全部文献并不现实,也不可能。现代社会,基于因特网的高效且传输成本低廉的信息资源共享系统的建立,使用户不仅能方便快捷地获取整个图书馆网络的文献信息,而且可以充分共享人类文明所积累的一切信息资源。可以说，在网络环境下任何重复性建设都是毫无意义的，只有独具特色才能拥有自己的读者和生存空间，只有依靠特色才能保证图书馆的可持续发展。处于分散经营、各自为政的孤立图书馆根本无法无限满足读者要求。共享性与特色化是信息资源建设中必须同时遵循的一个原则的两个不同侧面。两者相辅相成，特色化是共享性的保障，共享性是特色化的必然结果。信息网络以其较高的透明度和较强的相互渗透力，在促成信息资源充分共享的同时，也促使不同图书馆之间进一步分工。

1.2.3 重藏轻用

许多基层图书馆到目前为止仍然保留着从20世纪50、60年代开始装订的报纸，而读者利用情况几乎为零。这些报纸占用了本就十分宝贵的空间，还要花费人力进行维护。藏又无用，抛之可惜，成为基层图书馆的一块“鸡肋”。究其原因，就是“重藏轻用”观念根深蒂固。这里与图书馆本身功能有关——保存历史文化遗产，是图书馆的重要功能之一。但对于基层图书馆来说，其核心功能，仍然是满足日益增长的人民群众文化需求。现代图书馆已经实现从“文献传递”向“知识传递”的过渡。我国的体制和现实是，绝大多数基层图书馆都有更高一级的地市馆、省级馆，保存文化遗产的功能主要由他们来承担。而基层图书馆，在保存文化遗产方面的主要任务是传承地方文献。这些历经多年保存下来的报刊，在上级馆几乎都能找到，而且，随着电子报刊和报刊数据库的发行，检索这些报刊中的资料变得十分容易。丢掉这些“包袱”的办法，就是过期剔除，腾出空间。

1931年，“印度图书馆学之父”阮冈纳赞在其专著《图书馆学五定律》中提出了被国际图书馆界誉为“我们职业最简明的表述”的图书馆学五定律。图书馆学第一定律“书是为了用的”，阐明了图书馆“藏书”与“用书”的关系，从根本上打破了“重藏轻用”的传统观念，强调了图书馆工作务必做到“书尽其用”的思想和“用户至上”的服务原则。信息资源本身更强调的是“利用”而不是“拥有”，更注重的是“动态获取”而不是保障性的“静态库存”,其作用和功能更多的是在信息传递和吸收过程中得以实现,建设焦点在于利用自动化、网络化,获得更大的外延馆藏和为用户提供更为便利的信息存取服务。

1.2.4 服务成本高昂

越是不发达地区,资源建设和服务成本越高。这里以年接待读者人次服务成本计算,分别在东部地区、中部地区和西部地区选一个馆作代表,基本能反映我国基层图书馆目前情况。广东省某发达地区一区级图书馆,2009 年财政核拨经费(含人员工资等所有经费)400 万元,年进馆读者人数为 41 万人次,每人次接待成本接近 10 元;湖南省中部某县图书馆(经济情况中等)年财政核拨经费为 61 万元,年进馆人次为 1.2 万,平均每人次接待成本为 50.83 元。甘肃某县图书馆年财政核拨经费为 21 万,年进馆人次为 0.45 万人次,平均每人次接待成本为 46.67 元。这个数字与国外较发达地区的基层图书馆差别甚大。德国下法兰肯地区(首府维尔茨堡,属于德国发达地区)面积 8500 平方公里,人口 130 万,有 111 个图书馆,持证读者有 12 万,占总人口的 9.23%;有 150 万件文献资源,年接待读者人次为 500 万,州政府提供的资金为 134 万欧元,平均每人次接待成本仅为 0.026 欧元,折合人民币不到 0.3 元。以上数据表明,我国发达地区比非发达地区服务效益要高,但与其他发达国家相比,说我国的基层图书馆“是不计成本的服务”并非为过。这也从另外一个角度反证,我国的图书馆事业,尤其是直面读者的基层图书馆事业,有着非常广阔的发展前景。

我国基层图书馆资源建设和服务理念的缺失,还表现在很多方面,如少儿功能淡化、面对网络信息时代手足无措等。究其根源,既有我们基层图书馆管理者的原因,也源自于我们的高层管理者理念滞后,缺乏理性与科学态度。比如说,从中央到地方,始终把人均藏书数量作为衡量一个地区图书馆服务水平的重要指标。为了达到或接近各级政府所规定的“人均藏书数量指标”,只好保留历史藏书,形成了藏书数量多,可看图书少,全国范围内的重藏轻用局面。

【实例】

德国基层图书馆资源建设与服务理念

2007 年 6 月，中国图书馆学会组织的赴德考察团，对德国部分基层图书馆进行了深入细致的考察与学习。德国同行的资源建设与服务理念给我们很多启示。

一、“读者至上，需求第一”

与我国公共图书馆一样，德国基层图书馆的服务理念也是“读者至上、需求第一”。维尔茨堡市图书馆馆长福格特博士在给我们用 PPT 介绍图书馆概况时，PPT 上出现的是中文，凭这一点，我们就认识了这个心理学博士的专业水平和对于服务水准的把握能力。将图书馆明确归纳到服务行业中，而且还将其地位提升至行业领头羊的层次，这种德国人的直率给了我们一种直接的冲击力，而它的服务实践更让我们刮目相看。你在看书时渴了，旁边有饮用水等着你饮用；你要离开时天下雨了，门口有雨伞可以借走；借、还书时人多，你可以在自助机器上自主操作；你忘了带老花镜，服务台就可以借；你带孩子一起来图书馆，你可以安静地看书，孩子则在儿童室里嬉戏或是翻看儿童画册；如果你怀抱婴儿来查阅资料，则可以到馆内专门设置的母婴室，里面换尿布的小桌，母亲喂奶的椅子和幼儿卫生间，一应俱全。至于有关图书文献，则可以直接找工作人员，他们肯定会为你尽善尽美地解决。福格特有个理论是这样说的：“满意的读者会向 2—3人宣传自己愉快的经历与感受；不满意的读者会向 10—12 个人诉说自己不愉快的经历和感受。”这与中国人常说的“好事不出门，坏事传千里”有异曲同工之处。据说德国人做过调查，大约有 50% 的人会通过朋友的介绍到图书馆去，因此福格特的这句话并非空穴来风，只有通过艰难的努力，让每一个读者在图书馆得到愉悦，图书馆的生命才会长青。这一次我们在维尔茨堡、哈特福德等许多图书馆里看到,他们都设有征集读者意见的表格,放在比较显著的位置,也就是说,他们随时与读者保持联系。表扬工作人员的信,则贴在墙壁上一个月!根据维尔茨堡市图书馆的统计,他们平均每年收到376份意见,也就是说每月有33份(可以到馆提出或网络发送)。他们极其重视这份联系,并且由此改进工作,努力适应读者的需求。这就是我们前面所说的"需求第一"。

二、重"用"轻"藏"

在德国访问期间,我留意到一个很有意思的现象。那就是,在德国的乡镇图书馆里,你几乎是看不到旧书,书架上面全是新书。为此,在访问总结会上,我们曾探讨过这一现象。对此,维尔茨堡市立图书馆馆长福格特博士的说法是:"图书为什么不能剔旧呢?"我们的观念是追求藏书数量,受千年藏书的传统影响,再加上财务制度上规定,图书属于固定资产,不可随意剔除,客观上形成了图书馆藏书越多越好,以数量代表质量的局面。几十年的书,在我们一些图书馆并不少见。按现代图书馆发展状况,5年前的书已基本失去使用价值。那么,这样的书摆在书架上到底还有多少意义呢?在德国,我问德国同行:你们认为中德图书馆的主要区别在哪里?福格特博士答:我认为一个比较重要的问题是,中国的图书馆员应该有权利把图书馆陈旧的图书剔除出去,不应该只追求图书的藏量,而应该购买多一些当前比较流行和读者需要的图书。从我们图书馆的经历或做法来看,我认为藏书数量不一定很大,读者一进馆就应该能看到大量的新书,这才是最重要的。

三、阅读环境是图书馆资源的一部分

在我们访问期间,我们注意到了一个问题,那就是德国基层图书馆的建筑大多因陋就简,很不张扬。我们参观的7个图书馆,除诺伊斯达特图书馆之外,其他馆全部是用旧房子改造的，如维尔茨堡市图书馆馆舍也是数百年前当地著名的法尔肯豪斯饭店。德国人与中国人相反，只要有条件，就将图书馆设在有历史回声的地方，因为他们认为，这才是图书馆的文化底蕴所在。而在我国，新图书馆建设方兴未艾，一个比一个大，投资几个亿，不是什么新鲜事。

在德国基层图书馆访问期间，还给我们以极大启示的就是馆内的家具。每个馆的书架、刊架、书车、报架、桌椅，无论是样式，还是材质，都各有不同，极具个性，常常有一种“情理之中，意料之外”的巧和美，令人惊叹。我们看到的 7 个馆，就是 7 个样。图书馆要成为每个人的“第二起居室”，舒适与实用美是必须具备的元素。我们住的小镇里面，所有的别墅没有同样的。我们和德国同行在这方面的最大差别，就是我们对图书馆的理解偏于“程式化”了，而德国同行的理解还是首先把“人的生活环境”的理念贯穿始终。反观我国的图书馆，馆内的布局、摆设都是千篇一律的，既没有各个馆的特色，也没有创意，死板得很，不注重资源利用的环境。

四、用心血开启阅读之门

图书馆实际上是一种非常贴近民众生活的服务，它一个很重要的使命是吸引民众。正是由于中德两国图书馆在体制、模式、理念以及建设上的差异，导致了图书馆这一公共文化事业在两国产生了不同的效益。

德国人爱好阅读，培养出一个热爱阅读的民族，图书馆服务在其中起了重要作用。

以维尔茨堡市图书馆为例，他们平均每 7 秒钟借出一本书，仅一个季度的借阅量就可达 120 万册；一年中有 70 万人次进入图书馆，12 万人次打开虚拟图书馆，这些数字相当于维尔茨堡市人口的两倍。这些统计数字也足以引起我们图书馆人的深思。

德国人的思维非常清晰，就是儿童是国家的未来。从婴儿开始，按照他年龄的思维特点，进行一定方式的阅读教育，将会对他的一生产生决定性的影响。这个工作在中国，是由他的家人意识到而进行的，是一种个人行为。而在德国，则上升为国家行为，成为每个公共图书馆必须履行的社会职能，是其三大任务之一。儿童成了他们的重点服务对象，这与中国基层图书馆的服务方向完全不一样，因此感触很深。在中国，基层图书馆似乎没有什么重点服务对象，谁愿意来谁来，乡镇和社区图书馆基本上是老年人看报看杂志的地方，成年人的阅读率很低，而所有这些人群中少年儿童所受到的阅读关怀从平均程度看更是少得可怜，与德国相比反差极其鲜明。他们的一些做法很值得我们学习，比如：孩子还没有出生，图书馆就给父母准备了一份有关孩子的阅读计划，出生后，更会放在特别重要的位置。图书馆会组织一些把小孩留在图书馆过夜的活动。在图根和策林根图书馆，虽然很多人的家离图书馆不远，但家长很乐意把小孩留在图书馆过夜，面对着窗外满天的星星，在静静的夜色中，管理员柔声细语地朗读着童话故事的精彩片断，让孩子们都进入了丰富想象的图景，这是多么好的学前阅读教育呀！尽管图书馆工作人员很辛苦，可是他们乐此不疲，他们这样的服务受到了家长们的欢迎和支持。试想在中国，有谁敢把小孩放在图书馆过夜？这些活动形式让我们深刻地意识到，德国同行非常认真，甚至全力以赴地做好婴幼儿的阅读启蒙工作，用心血在开启孩子一生的阅读之门。

德国的小学一般不设图书馆，而公共图书馆的设置中也没有专门的少儿图书馆，因此基层的乡镇图书馆就承担了学校图书馆的角色。巴伐利亚州图书馆有基本规定，在乡镇图书馆中，青少年读物不能低于一半份额，如我们走过的图根、策林根和罗廷根这些图书馆，他们都划出相当面积给少年儿童阅览，为少儿服务的工作是无微不至的。诺丹斯达特县的中心图书馆设在一所高级中学旁边，馆长告诉我们，中心图书馆放在这里是选择了学校的最大服务群，它的服务对象主要是学生、青年人和儿童。德国的学生都只是上午上学，因此这里形成了惯例，上午都是学生读者群，下午都是当地居民。

像这样的例子还有很多，德国基层图书馆注重引导儿童和青少年阅读的做法对我们中国图书馆工作者的启示和教育显得尤其重要。

1.3 信息资源建设特征及要素[①]

我们在图书馆信息资源建设中，认识了信息资源的多重属性和外部特征，进行了多渠道、多载体、多类型信息资源的采集入藏和各种资源的组织、整合与开发，在不断更新服务方式和积极推进资源多维性利用的动态发展中，图书馆信息资源建设多维性特征日益凸显。

1.3.1 文献信息来源的渠道多元化

当今，中外图书、期刊、电子出版物、数据库资源等各种媒体的出版发行业空前繁荣，各类书商以电子商务为销售形式的网上书店也大量涌现，图书馆面对众多媒体出版发行商的信息源，采集空间广阔。但激烈的市场竞争，出版发行渠道明暗交错，价格无序浮动，信息内容良莠混杂，给文献信息的筛选和融合以及订购方案决策带来难度。

1.3.2 信息资源配置的综合化

信息资源配置综合化是大势所趋，馆藏资源配置方式已出现由绝对“拥有型”转向“存取”并重，实体配置与虚拟配置并重，流动信息与物化信息共存的局面。传统文献资源结构体系已作为现代馆藏的一

① 朱华琴. 图书馆信息资源建设与服务链状循环模式的构建. 图书馆论坛，2007(2)

个组成部分,数字化信息资源中的数据库可自建与购买,因特网上的资源可加工或链接,这种综合化的有效配置使资源达到最优化,能提供更方便、快捷的信息服务。

1.3.3 馆藏结构的科学化

馆藏结构由学科结构、载体结构、层次结构、文献类型结构、文种结构、时间结构等要素组成,彼此交叉、渗透,是"实体资源+虚拟资源"向多维立体结构的发展。

(1)馆藏载体类型多元化。有纸介质、磁介质及光电介质的信息资源,有网络化的信息资源等。

(2)信息形成方式多样性。印刷型、视听型、机读型、光介质型和网络型五类并存。

(3)文献加工层次性。一次文献、二次文献和三次文献各具特色。

1.3.4 面向不同对象工作的复杂化

延伸传统资源建设,开展实体文献筛选、订购、编目、加工、典藏等系列工作,解决不同文献品种的合理布局和有序流动;加强数字化资源建设,实施集成化组织与整合,逐步实现馆内资源跨类型、跨载体、跨时空的信息检索与利用;加强网络信息资源建设,注重网上分类采集、组织管理和导航等,实现更大范围信息资源多渠道、多载体传播,加速高效检索与传递技术的开发,以及智能化搜索与知识挖掘。

(1)信息资源的采集与筛选

信息资源的采集与筛选要遵循两个准则与两个内容。两个准则:一是"价值",包括信息的内容、学术水平、学术价值、信息活性、知识情报含量与馆藏关系等;二是"需要",在选择信息资源时,必须要考虑隐含的知识信息能否满足读者显性与隐性的需求,通过对信息资源知识内容和情报价值的鉴别和选择,使大量文献信息的情报知识容量最大化,最终实现馆藏与用户需求的最佳匹配。两个内容,即实体信息资源与虚拟信息资源:实体信息资源的采选继续沿用传统文献的做法,利用多种方式方法和途径收集文献源。虚拟信息资源的采选则有其特殊性。虚拟信息资源具有的可信度、完备性、权威性、独特性与现有馆藏的互动性等本质属性,是图书馆虚拟馆藏建设的核心。虚拟信息资源的生存状况(连续性、稳定性和可靠性)是图书馆虚拟馆藏建设的质量保证。虚拟信息资源的使用环境(可操作性、通用性、导航设计、信息资源组织、用户界面、检索功能、易用性、快捷性)是图书馆有效便捷利用虚拟馆藏的条件。

(2)信息资源的组织与序化

现代图书馆信息组织是根据一定的原则和方法将无序信息变成有序信息,涉及技术因素、相应的法律因素以及采集编目、保存检索等环节,其组织与管理过程也是一项复杂的系统工程。传统文献信息的组织是依据各种分类法进行文献的科学分类和编目,建立起各种目录体系,实现文献的有序流动。数字化信息资源由多种媒体形式所组成,不同种类的信息资源其组织方式、管理方式也不同。对数据的组织管理一般采用元数据管理和数字对象及对象集类管理。元数据根据其功能的不同,又分为描述性元数据、结构性元数据和功能性元数据。从某种意义上讲,对网络信息资源的组织管理就是对元数据库的管理。对数字对象的访问,特别是多媒体、超文本信息,都是通过元数据库得以实现。因特网上的信息具有地理分散、组织松散、数据类型多、信息巨大、随机变化大等特点,加强开发网上资源组织与整序的工具,集网络资源的跟踪搜索、排序分类、自动标引、统计分析和知识挖掘于一体,快速高效的信息处理和智力组织,提高信息有效传递和利用,这是信息资源组织和管理的难点。

1.4 基层图书馆信息资源组成

1.4.1 图书

图书,又称普通图书,主要指以印刷方式单本刊行的出版物,包括专著本、汇编本、多卷本、丛书等，不包括古籍、连续出版物以及各种非书资料。[1]

联合国教科文组织对图书的定义是：凡由出版社（商）出版的不包括封面和封底在内 49 页以上的印刷品，具有特定的书名和著者名，编有国际标准书号，有定价并取得版权保护的出版物称为图书。

图书是以传播知识为目的，用文字或其他信息符号记录于一定形式的材料之上的著作物；图书是人类社会实践的产物，是一种特定的不断发展着的知识传播工具。

近年来，随着经济发展，文化市场的繁荣，我国的出版发行事业有了迅速发展，国内图书市场显得异常活跃，以出版、发行、销售方式的繁多及图书种类、版本的多样、迅速易变等突显其强大的生命力。早在 2005 年的统计数据就表明，全国共有出版社 573 家（包括副牌社 34 家），其中中央级出版社 220 家（包括副牌 14 家），地方出版社 353 家（包括副牌 20 家）。同年，全国共出版图书222 473种，其中新版图书128 578种，重版、重印图书93 895种，总印数 64.66 亿册，总印张493.29亿印张，折合用纸量 115.99 万吨，定价总金额 632.28 亿元。[2]

1.4.2 连续出版物

连续出版物是一种载有编号或年月顺序号，计划无限期地连续出版发行的印刷型的或非印刷型的出版物，它包括期刊、报纸、年刊、学会报告丛刊与会刊、会议录、科学进展、年鉴以及专著丛刊等，但不包括在一个预定期限内以连续分册形式发行的丛书和多卷书，具有出版的连续性、版式设计的稳定性、内容的新颖性及版本说明的特殊性等特点。

1.4.3 特种文献

特种文献一般包括会议文献、科技报告、专利文献、学位论文、标准文献、科技档案、政府出版物八大类。特种文献特色鲜明、内容广

---

① 国家图书馆《中国文献编目规则》修订组.中国文献编目,2005

② 中国新闻出版信息网

泛、数量庞大、参考价值高，是非常重要的信息源，在文献检索中占有重要地位。①

1.4.4 灰色文献②

灰色文献是当前社会诸多领域中最新科研成果或最新动态的情报信息，是一种丰富的信息源，它往往通过正常的发售途径难以获得，具有出版灵活、刊期不规律、印刷数量小且非正式渠道发行、流通面窄而内容丰富等特征。

20 世纪 60 年代，西方发达国家最先开始对灰色文献进行了收集整理并加以利用，亚洲国家则起步较晚，日本在 20 世纪 80 年代中期开始建立各种类型的灰色文献数据库。我国在 1982 年由邓聚龙教授首先提出来，将控制论“灰箱原理”及模糊理论引进文献，以综合标准划分为白色文献、灰色文献、黑色文献三种形态。（黑色文献指未出版或未予发行的文献，白色文献是指正式出版文献。）

1. 灰色文献的特性

（1）灰色文献出版周期短、报道迅速、发行渠道简单、不受任何出版条例的限制，无计划或是根据特别安排发行，包含着许多有价值的科学情报，往往走在已发表文章中所提供信息的前面，有很大的实用性、灵活性和随机性。

（2）分散性。灰色文献在一般图书馆难以获得和搜罗齐全，它遍布于各个领域、各个行业。灰色文献没有固定的格式，编排不统一，流通形式不定，它有自身的传播手段，如实物传播、口头传播。灰色文献印刷数量少或限量发行，无定价，不在书店和报摊上出售，对一定的读者实行免费供应。

（3）实用性。灰色文献内容丰富、信息量大、形式多样、报道范围专一。它与经济贸易、科学技术结合紧密，并力图表现当前最敏感领

---

① 戎文慧，王颖，李娜. 特种文献检索教学的思考. 中华医学图书情报杂志，2006，15（4）

② 徐立华. 灰色文献的情报价值与开发利用研究. 情报科学，2007（10）

域里的最新动态。因此灰色文献是一种极度有价值的情报信息资源，能及时为读者和用户提供实用技术，决策贸易等信息服务。

(4)决策性。利用灰色文献分析信息各因素的动态关系与特征，从深度和广度上横纵向比较，从而获得定性与定量、静态与动态相结合的决策性情报，体现预测与决策相辅相成的特征。

2. 灰色文献的搜集

(1)积极力争参加各地召开的商业会议或展览会，搜集最新动态的情报信息。

(2)与专家、同行联系、交流获取最新消息。

(3)与兄弟单位建立联系，定期交换资料，做到互通有无，注意搜集与本单位有关联的内部资料、地方政府报告、商业小册子等。

灰色文献随着现代科技进步和社会的发展，其作用越来越明显，是不可忽视的一种文献载体，是各类图书馆资源建设工作的一项重要内容，也是当前科技人员进行科学探索和学术研究所必须重视和掌握的重要情报源。

1.4.5 非书资料与虚拟馆藏

图书馆的非书资料是指馆藏中除印刷型出版物之外，通过现代技术方法与手段，将知识记录和贮存在纸张以外的物质载体上的所有文献，诸如磁带、录像带、幻灯片、磁盘、光盘以及反映一定知识的某些标本、实物等。由于在图书馆流通服务中，非书资料的利用须借助一定的设备，它通常又被称为“视听资料”等。①

非书资料按出版形式可以分为六大类型：录音制品、缩微制品、电影制品、录像制品、图形制品、投影制品、实物制品以及配套资料。

目前纸质图书占馆藏文献的比重正呈不断下降的趋势，发达国家已下降至50%左右，我国国家图书馆的比重也仅占66%，近几年来，随着计算机技术和网络技术的发展，以光电为介质的具有多媒体功能

① 傅少平. 图书馆非书资料建设初探. 无锡教育学院学报，2002(9)

的非书资料，通过远程通讯获取的网络信息资源（也可以暂且称为虚拟馆藏非书资料）得到迅猛发展。这种文献类型已打破人们使用传统图书馆的习惯，为读者提供了信息量更大，知识更为系统、丰富，使用更为便捷的新型文献资源。

与传统的出版物相比，非书资料具有如下特点和优点：

- 能直接、生动、形象地表达所载知识；
- 传递信息迅速、及时；
- 记载信息量大；
- 易于保存，占用馆藏空间小；
- 能增加、扩大图书馆的读者成分、范围；
- 部分非书资料价格明显低于同类印刷品的价格；
- 可通过网络传递，实现馆际资源共享。

正因具有这些优于文本型资料的特点，非书资料越来越受到读者的欢迎，并已成为各馆资料的收藏重点。在图书馆工作中，常根据非书资料的典藏地不同，将其分为本馆馆藏和非本馆馆藏两类。如以声音或图像为传播手段的视听资料、通过计算机阅读的机读资料以及缩微复制件形式的缩微资料为本馆馆藏非书资料；如通过计算机互联网络获取的则为非本馆馆藏非书资料，即图书馆界所说的“虚拟馆藏”，虚拟馆藏是指必须借助计算机通信网络才能获取的本馆以外数字化信息资源的总和，对于这些资源，图书馆只拥有使用权和共享权，而不拥有更新、修改和支配的权利。现实馆藏和虚拟馆藏共同构成图书馆的馆藏文献信息资源保障体系。①

1.4.6 数字信息资源

数字信息资源主要是指数据库。通常，图书馆的数据库包括以下4个方面的内容：

馆藏书目数据库。馆藏书目数据库是开发信息资源的基础数据

---

① 邱燕燕. 数字环境下的馆藏评价标准和方法. 情报资料工作，2005(3)

库，是图书馆全面实现网络化自动化的基础，其作用是对馆藏进行揭示，便于用户检索和利用图书馆的信息资源。

联合书目数据库。联合书目数据库通常是一个地区或者一个国家的图书馆等信息机构在馆藏书目数据库的基础上，通过联机编目而建立的反映文献资源收藏处所的书目数据库。联合书目数据库有利于地区间的协作采购和文献资源保障体系的建立，是实现馆际互借、资源共享的前提条件。

特色文献数据库。特色文献数据库是图书馆等信息机构根据其文献资源状况与用户的信息需求，选择富有特色的文献资源所建立的专门化数据库。特色文献数据库可分为特色文献书目数据库和特色文献全文数据库两个类型。特色文献数据库有利于深层次地揭示和利用文献信息资源，是图书馆等信息机构提高信息资源服务水平和开展信息资源共享的重要途径。

数据库产品。数据库产品的类型多种多样，如光盘数据库、单机版数据库、联机数据库、书目数据库、全文数据库、事实数据库等。这里所说的数据库产品是指数据库生产商开发的且图书馆能够通过购买获得其所有或使用权的各种数据库。购买数据库产品有利于提高图书馆信息资源建设和共享的成本效益，是目前图书馆信息资源建设的一种重要而又卓有成效的手段。①

1.4.7 网络信息资源②

网络信息资源即是从计算机技术、通信技术、多媒体技术相互融合而形成的网络上可查找到的资源。

网络信息资源的组成：

非正式出版信息。指流动性、随意性较强，信息量大、信息质量难以保证和控制的动态性信息。如电子邮件、专题讨论小组和论坛、电子会议、电子布告板新闻等工具上的信息。

---

① 百度百科 http://baike.baidu.com/view/884080.htm

② 代根兴，周晓燕. 信息资源类型研究. 中国图书馆学报，2000(2)

半正式出版信息，又称“灰色”信息。指受到一定产权保护但没有纳入正式出版信息系统的信息。如各种学术团体和教育机构、企业和商业部门、国际组织和政府机构、行业协会等单位介绍宣传自己或其产品的描述性信息。

正式出版信息。指受到一定的产权保护，信息质量可靠，利用率较高的知识性、分析性信息，用户一般可通过万维网查询到。如各种网络数据库、联机杂志和电子杂志、电子图书、电子报纸等。

网络信息资源建设的核心内容是资源的共建共享。所谓信息资源共建共享是指依靠先进的现代信息技术将一定范围内的文献信息机构纳入一个共同的有组织的网络之中，使之围绕文献收集与利用共同发挥作用的一种工作方式，它能使用户在利用文献资源上得到最大限度的满足。共建共享是图书馆提高知识服务能力的有效途径，美国学者贝克在《资源共享的未来》一书中曾提到：今天的图书馆共存是一个相互依赖的时代。进一步讲，每一个图书馆都必须将自己视为世界图书馆体系的一部分，必须摆脱自给自足的状态，必须发现迅捷而合算的从世界图书馆体系中获取资料并送到自己用户手中的方式，必须随时准备将自己所收藏的资料提供给世界各地的其他图书馆。贝克深刻地揭示了图书馆深层的本质就是信息资源的共建与共享。图书馆信息资源的共建是实现信息资源共享的基础，是现代图书馆的重要理念之一，也是图书馆事业发展的必然要求。①

① 袁小平. 图书馆信息资源的共建是共享的基础. 考试周刊，2008(12)

2 传统文献资源建设实务

2.1 文献资源建设规划

2.1.1 文献资源建设规划内容[①]

文献资源建设长期规划，是从宏观上计划科学合理的藏书体系的形成。具体包括以下几方面的内容：

1. 藏书发展模式

藏书发展模式，是对图书馆文献资源建设所作的方向性、原则性规定，它对文献资源建设全过程起着决定性的作用。所以，确定藏书发展模式，是文献资源建设总体规划中首先要解决的问题。

发展模式的确定应该考虑本馆文献资源建设的最优条件、能够取得的最佳效益和实现的最大可能性。这三方面条件的有机结合，就是确定发展模式的原则标准。各种不同类型的图书馆，都可以此为标准，来确定本馆藏书发展的最佳模式。

2. 藏书发展目标

藏书发展目标，是图书馆对经过一段时期文献资源建设后应该出现的结果所做的具体规定。发展目标一般包括以下几个方面：

(1)藏书数量的发展。即在规模期间内馆藏文献数量的增长应达到何种指标。藏书数量不是图书馆地位、水平的唯一衡量标准，但数量目标仍然是藏书发展目标的重要内容，因为文献数量多寡毕竟是图书馆服务能力的标志之一。

(2)情报容量的增加。文献资源建设的目的在于满足不断增长的

---

① 沈继武，肖希明. 文献资源建设. 武汉大学出版社，1991

社会文献情报需要,这就要求馆藏文献的情报容量不断增加。但藏书数量的简单累积,并不等于情报容量的增加,因为,并非所有文献都含有新的情报。国外研究认为,含有新情报的文献,仅占现有文献总数的25%。布拉德福文献公布定律也表明,大量的流通记录集中在少数核心书刊中(25%的藏书提供了流通的75%)。很显然,要提高馆藏文献的情报容量,必须注意将核心书刊的入藏率作为一项指标。测定核心书刊入藏率的方法,可用:A. 核对书目法。即将馆藏与一些选定的标准书目、核心书目或权威的馆藏目录逐一核对,检查馆藏文献在品种、数量、语种及某些重要著作收藏方面的差异。B. 引文分析法。即通过查对学术性著作的脚注、引文等,检查本馆的收藏情况。

(3)藏书结构的优化。结构合理,是高质量藏书的重要标志,也是馆藏资源得以充分有效利用的重要条件。因此,在规划藏书发展目标时,应该在优化藏书结构方面提出要求。依据图书馆的任务与读者需求,各学科、各类型、各文种及各不同出版时间的文献的入藏比例,怎样才是合理的?经过一段时期后,藏书结构会发生什么变化?怎样才能使这种变化趋于合理等,在规划藏书发展目标时,应该体现出来。

(4)藏书特色的形成。藏书特色是图书馆建设符合实际使用需要的文献资源的保证。是否形成藏书特色,是衡量图书馆文献资源建设水平的标志之一。独具特色的藏书,也往往使图书馆引以为荣。藏书特色的形成,是图书馆长期主观努力的结果,但如何确定本馆藏书特色,却是由许多客观因素决定的。图书馆应该根据本地的地理、历史与文化特点,本地区赋予图书馆的服务任务,本馆读者群的需求,藏书协调组织的安排等因素,确定本馆藏书的特色,并对标志特色化藏书形成的各项指标作出具体的规定。这应该成为规划藏书发展目标的重要内容。

(5)藏书效益的发挥。文献资源建设的目的,最终是为了充分发挥藏书的社会效益和经济效益。从根本上说,藏书效益的发挥是指藏书被利用后产生的经济价值和社会效果,这是难以计量的。对藏书效益的评价,可以通过读者群对藏书的利用情况开展。在规划藏书发展目标时,应对藏书利用率提出要求。

(6)本馆作用与地位的变化。在文献资源建设规划经过一段时间的实施后,本馆藏书在全地区、全省、全国乃至更大范围的文献资源体系中将会起到什么作用?本馆的地位将会发生什么变化?比如说,经过几年努力,图书馆对某学科或某专门领域的资料收藏达到完整系统的水平,从而成为一个地区或全国该学科文献资料的中心。这方面,也应该在规划藏书发展目标时体现出来。

3.藏书发展领域

重点藏书是图书馆藏书的核心,反映藏书的个性,代表藏书的发展方向。因此,确定重点藏书发展领域,应当成为文献资源建设规划的重要内容。

确定重点藏书发展领域,就是从众多学科领域中,选择对完成本馆的主要服务任务和满足本馆主要服务对象需求具有决定性作用的某些学科或专题,对有关这些学科或专题的文献完整系统地收藏。确定重点藏书发展领域,一般要考虑以下几方面的因素:

(1)对本地经济建设及科学、教育、文化发展有重大影响的领域。

(2)本馆主要读者或用户的需求。对本地区经济建设和社会发展有重大影响的学科领域,必须和本馆的主要读者对象或用户需求结合起来,确定的重点藏书才能发挥最大的效益。

(3)经藏书协调组织确定为本馆重点收藏的领域。各馆应根据藏书协调组织的统筹安排,确定重点藏书的发展领域。一般说来,藏书协调组织确定的本馆重点藏书,与本馆的服务任务、服务对象的需求及原有藏书基础与特色是一致的。

(4)本馆别具特色的藏书。由于地理、历史、文化等方面的原因,图书馆对某些专业或专题领域的文献,经多年悉心积累,已形成了鲜明的特色。这种特色在全地区,甚至全国是独树一帜、别具一格的。那么,对这些专业或专题领域,也应该确定为本馆重点藏书的发展领域。

2.1.2 文献资源建设规划要求[①]

文献资源建设规划是一定时期文献资源建设的蓝图,决定着文献资源建设的方向。因此,对文献资源建设规划的要求,从总的来看,应该包括以下几个方面:

1. 规划应特别注重文献资源体系的外向型功能。所谓外向型功能,就是指面向社会需求的适应性。文献资源建设的根本目的,是满足社会文献信息交流的需要。图书馆藏书作为一种知识信息资源,其社会价值的实现,归根结底在于被利用,在于流通。只有在多途径的流通使用中,才能体现它对发展社会生产力、提高劳动生产率及提高人们的科学文化素养方面所产生的巨大效益。因此,衡量文献资源体系效益水平的标志,是文献资源被开发利用的程度和满足读者需求的程度,而不只是图书馆藏书自身体系的完善,也不是单纯的藏书规模。所以,应该将文献资源建设置于社会文献信息交流的动态环境中,以适应社会文献信息需求的目标,来制订文献资源建设规划。

2. 规划应特别注重藏书体系的整体功能。藏书体系的整体功能,不是各类型藏书功能的简单叠加,而是通过各类型藏书的有机联系、配合而形成的大于各组成部分之和的新的功能。因此,文献资源建设不能只注重系统要素,即个别文献的内容质量,而要十分注意藏书的整体结构,即从整体出发,根据图书馆的任务和读者需求及人力、物力条件,对藏书结构进行整体设计、整体控制。

3. 规划应着眼于全国或地区文献资源的整体布局和协调。要把本馆藏书看成全国或地区文献资源整体系统的组成部分,正确处理整体效益和局部效益的关系,按照整体布局的要求,确定本馆藏书的学科范围、重点、收藏文献类型、文种,使微观藏书体系重点突出,特色鲜明,宏观藏书体系完整、系统,布局合理,整体效益得以充分发挥。

4. 规划应着眼于未来。不能仅以现状为基础进行设计、规划,而

---

① 沈继武,肖希明. 文献资源建设. 武汉大学出版社,1991

应对影响文献资源建设的各种因素及发展趋势进行科学的分析和预测，使文献资源建设规划不仅具有现实指导意义，而且能适应未来环境的变化。

2.2 图书采访

2.2.1 图书采访方式及其规范

图书采访是图书馆业务工作的第一步，是馆藏信息的入口，是开展读者工作的基础，是决定藏书体系是否科学合理的关键。它要求工作人员按照一定的程序和技术规则去获取所需图书，并主动地寻找图书的来源，利用多种渠道，通过各种途径，以保证所选图书能及时获得，这是一项技术性和实践性都很强的工作。

图书采访方式：[①]

- 书目预订。书目预订是图书馆根据各种书目订单提供的图书信息所进行的图书采购模式，订单主要有《社科新书目》《科技新书目》《标准新书目》《全国地方版科技新书目》以及《人天书目报》等。
- 现场选购。现场选购是采访人员直接到图书批销中心、各大书店或在书展时直接挑选图书品种和复本量，或者书店根据图书馆的要求直接把图书送上门的一种图书采购模式。
- 邮购。邮购是图书馆根据书目、广告、订单向外地的图书出版发行机构汇款，用邮寄的方式购买所需图书。通常用于当地发行、销售单位没有进货或脱销的图书、出版机构自行发行、作者自己包销的图书，这些图书在书店很难购到，只能通过邮购才能获得。
- 网络订购。采用网络订购不受时空限制，节省时间，并支持多途径检索，很多网上书店还能提供种类丰富的书目信息。
- 联合采购。联合采购是指在一个区域或系统范围内，由具有一

---

① 曾文军. 新世纪图书采访模式与采访策略选择. 图书馆论坛，2005（10）

定实力的机构承担统一采购。

• 招标采购。招标采购是当前比较规范的图书采购方式,是将图书采购纳入法制化轨道的重要措施之一。

• 呈缴。国家为保证完整地收集和保存本国全部出版物,以法律或法令的形式规定全国所有出版社或负有出版责任的单位,凡出版一种新书,必须向指定的图书馆免费缴送一定数量的样本。基层图书馆可在当地政府的支持下,建立本地作者或出版机构呈缴本制度。

• 调拨。调拨是在上级主管部门或有关协调机构的组织下,有计划地将一些图书馆的馆藏图书调拨给一些有需要的图书馆。

• 征集。征集是图书馆采用发函或派人登门访求,有针对性地从机构或个人那里获得各种珍贵图书的方式。

• 交换。交换是图书馆之间或图书馆与其他图书收藏单位之间相互交换图书,达到互通有无、丰富馆藏的一种方式。

• 赠送。图书捐赠主要来源于国际团体、港澳台团体以及个人,一般通过赠书转运站或文献交换中心来获得。

文献采访工作流程规范:①

1. 购买方式的采访流程

(1) 书目信息收集

(2) 文献选择

(3) 文献查重

(4) 订单制作与发订

(5) 验收

2. 购买方式采集规范

(1) 期货文献订购

期货文献采购指根据文献出版信息,从各种经销系统所提供的文

---

① 刘兹恒.《图书馆文献采访工作规范》(征求意见稿)解读. PPT. http://lib.ustc.edu.cn/xwh/download/LIU_Ziheng_wenxiancaifangguifanjiedu.ppt

献征订目录中选择所需文献,向所选经销商发出订单,由经销商按照订单预定的品种、数量供应文献。图书馆可通过手工方式或网络方式提供、填制订单。该方式适用于经费充裕、采购品种多、数量大、长期订购的情况。

(2)现货文献选购

现货文献采购指采访人员直接到出版、发行部门或在书展、书店等直接挑选的购买方式,它适用于采购急需的专业文献或有专业人员参与现场选购的情况。

①集团采购

由具有影响力的机构组织相关的图书馆共同与文献经销商就某一类或某一种文献谈判,商定统一的优惠价格或购买折扣。这种方式适合于采购批量较大或金额较高的文献。

②竞拍

指通过参加拍卖会获得所需文献的方式,如古籍、手稿、善本、字画真迹等的购买与收藏。

(3)报刊预订

报刊预订指经销商按年度提供下一年度的报刊征订目录或征订单给采访人员进行订购,主要分以下几项:

①续订

经销商将前一年度的订购目录作为下一年度的续订目录发送给各图书馆采访人员,采访人员对包括订刊号、刊名、出版频率和价格等项目逐一进行核对,确认继续订购的期刊。

②停订

根据上一年度的期刊出版、到刊、期刊质量和本馆使用与经费状况等因素,标注不再续订某种期刊,即为停订。

③新订

在续订的基础上,采访人员根据经费额度等情况确定需要增加的新刊目录,并将新刊清单经询价选择后发给经销商。

3. 非购买方式的采访流程

(1)呈缴的工作程序

①明确需要呈缴的文献、呈缴单位或个人;

②为保证呈缴本齐全,可通过签订合同或协议方式进行约定;

③定期核查呈缴清单,进行催缺,防止漏缴。

④对已接收的呈缴本进行验收、登记等。

(2)文献交换流程

①选择交换伙伴。了解可提供交换文献的单位和所提供交换文献的情况,提出准备建立交换关系的单位名单;

②寄发征询信函。主动向对方寄发征询信函,探询建立文献交换关系的可能;

③建立交换卡。在对方同意开展交换后,建立文献交换卡片。卡片应记录交换机构名称、地址、所拥有的出版物、建立交换关系的日期以及首次文献交换的情况等;

④登记。收到对方寄来的文献后,应及时进行相应的登记,编入专门目录;

⑤进行交换文献的查重、选择、验收和登录;

⑥根据双方交换协议,及时向对方回寄文献并做好登记。

(3)调拨文献的接收工作流程

①整理调拨文献,编制目录;

②根据调拨文献目录和馆藏目录,对调拨文献进行查重、核对;

③根据采访原则,选出适合馆藏的文献,对不适合的文献暂时搁置另行处理;

④对接收文献进行验收、登记。

(4)接受捐赠的工作流程

①调查访问文献捐赠对象;

②与有关部门联系,主动解决赠送的有关问题;

③办理赠送手续;

④举办赠书仪式或赠书展览;

⑤整理赠送文献,编制赠送书目;

⑥根据赠送书目和馆藏目录进行查重；

⑦选择适于馆藏的文献，不适合馆藏的文献另行处理；

⑧对入藏文献加盖专门设计的有纪念性的标记；

⑨向赠送者致谢，可采用寄送回执或证书、网上公示捐赠者名单等方式表示谢意；

⑩对重要的捐赠活动，写出专题报告，向有关部门报告；

⑪对接收的捐赠文献进行验收、登记。

2.2.2 选择图书的基本原则

1. 思想性原则

图书馆应注重收藏马列主义、毛泽东思想、邓小平理论、江泽民“三个代表”等经典著作，党和国家的政策法令、法规等法律文献，应通过积极收藏国内外的优秀文献资料来陶冶读者的思想情操，要坚决杜绝腐蚀读者思想的淫秽、色情、凶杀、迷信等文献的收藏。

2. 实用性原则

藏以致用是公共图书馆在工作实践中普遍执行的一个原则。图书馆的藏书结构和采访原则，必须建立在满足读者阅读需要的基础上，特别是基层图书馆，要以“用”为中心。基层图书馆读者阅读需求多表现为求知型和实用型，以科学技术知识类、成人教育类、旅游保健类、消费娱乐类等图书类别为借阅热点，采访时适当补充有助于发挥公共图书馆的教育及服务功能的其他类书刊。

3. 经济性原则

图书采购要克服盲目采购倾向，“少花钱，多办事”，有选择地采集，让有限的经费，发挥最大的作用。基层图书馆要做好采访工作，一定要深入读者，加强调查研究，从同一内容不同版本的读物中选出最有价值的品种，以达到经济实用的目的。[①]

4. 系统性与发展性原则

---

① 韩学文. 论公共图书馆采访工作. 图书馆学刊，1997(5)

系统性原则包括纵横两个方面。从纵向系统看，要求藏书在内容上，保持内在历史延续性和完整性，反映出人的认识从低级到高级的发展过程，对于工具书、丛书、多卷书要保持完整无缺；从横向系统看，要求图书能反映出各门学科之间互相交叉、互相联系的关系。各学科、各类型藏书之间要保持合理的比例，要注意相关学科、边缘学科图书文献的收藏，使图书馆成为一个有专有博、有主有从的知识体系。

基层图书馆应适应时代的发展，切忌死搬教条，对一些已跟不上形势发展的图书仍强调系统性，盲目购进。除了要求各图书馆自身建设的系统性之外，更加强调共建共享系统的各个组成部分之间的系统性建设。①

5. 特色化与分工协调原则②

特色化原则要求系统、完整地收集重点学科、特色学科或某些专题的期刊资料，尤其是适合本地经济社会发展情况的文献资料，使馆藏文献信息资源体系具有鲜明的地域特点。

分工协调原则是通过馆际联合采购或地区联合采购等合作方式，对某些学科、某些文种的书刊进行分工承担，分别收藏，逐步减少重复采购，构建一定区域范围内布局合理、相互依存、资源共享的文献资源保障体系。

特色化与分工协调原则要求，各图书馆分别建立自已有重点有特色的专门化的资源体系，从宏观的角度形成类别齐全、类型多样的综合性资源体系。

6. 多媒体信息资源一体化原则③

多媒体信息资源一体化原则是图书馆在实现计算机管理和网络化、数字化背景下，将印刷型、视听型、机读型文献信息载体与网上信

---

① 李胜华. 重视文献采访，提高馆藏质量. 图书馆工作与研究，2003，13(9)

② 王玉卿. 文献采访工作简介. PPT

③ 王玉卿. 文献采访工作简介. PPT

息资源相结合，构建一体化信息资源保障体系。[①]

2.2.3 图书采访工作中常遇到的问题[②]

1. 重复购买，浪费经费：当前，图书价格持续上涨，加上图书市场发展变化快速，出版物数量急剧增长、品种繁多、类型复杂。同一类图书往往有很多版本，尤其是热销图书，相似内容的大多有几个甚至几十个版本。因此，在采选图书过程中，经常会采集到一些阅读价值不是很高和复本量大的图书。

2. 图书出版发行的影响：首先，订单的多样化。除了社科新书目、科技新书目外，各种各样的书店书社、图书中心、发行公司以及出版社、编辑部乃至著作者本人，也纷纷将订单寄到图书馆采访部门，采访人员没有这么多时间和精力去一一仔细查重勾选。其次，由于同一选题重复出版，同一种书在不同书目重复征订而不作说明，容易造成重购。第三，多数订单给出的信息比较简单，如有些给出的出版日期根本就是印刷日期，造成采访人员的误解，采访人员仅凭书目订单无法完全了解图书的内容和质量，订书不当甚至错购现象在所难免。同时，图书出版发行市场存在的供过于求和供不应求的两极现象也给采访工作带来了困难。一些具有较高使用价值的图书，尤其是专业类书，无法进行二次采购。

3. 书源的局限性：虽然每个图书馆都与多家书商建立业务联系，各书商也尽量给图书馆提供采集图书的各种机会，然而由于出版发行渠道太多，书商不可能搜集到所有出版发行的图书信息，采访人员到书商处能采集的适合本馆的图书就更加有限。

4. 与读者沟通不足：图书馆面对不同文化层次的读者，阅读文献的要求也不同，阅读需求差距较大。传统的图书采访工作主要是以资源为中心，立足于图书馆自身的发展，强调藏书的系统性和完整性，缺

---

① 武汉大学信息资源建设精品课程：印刷型文献的采访. http://jpkc.whu.edu.cn/jpkcweb/xxzyjs/

② 张爽英，胡福孝. 浅谈高校图书采访工作存在的问题与对策. 图书馆界，2008(1)

少对读者的人文关怀，未真正地考虑读者的实际需要。目前，采访人员很少主动与读者直接进行交流，读者也极少与采访人员进行沟通，只有少数到馆读者和重点读者才与采访人员有些交流。我国许多图书馆的图书选购工作都主要是由采访人员完成的，图书馆买什么书，采访人员说了算，很少有读者参与。由于采访人员文化素质和专业水平都有限，采访人员选购图书时不可避免地会带有一定的盲目性和随意性。这种单一依靠采访人员的采访模式必然会使馆藏图书的读者满意度不高。

【实例1】

几种有代表性的书目

1.《新华书目报》：旬报，创办于1963年，系中国出版集团主管、新华书店总店主办的中央级专业图书出版信息类报纸，含《社科新书目》、《科技新书目》、《读者新书目》（购书指南）三大子报，是各类图书、多媒体制品最新出版信息总汇的商务传媒。收录图书品种丰富，介绍详细，以新书为主，每月预告初重版图书信息逾5000种，年近6万种；同时每期刊登大量的业界报道和新书、重点书的报道介绍和评论。其中“图书馆专刊”被称为是连接书与图书馆界的桥梁，也为图书馆的采编工作提供了一个理论探讨和经验交流的平台。

2.《全国地方版科技新书目》：半月报，由中国科技图书公司主办，每期刊登全国科技出版社预订目录约60余种。该报由中国出版工作者协会科技出版工作委员会进行组织协调，各省科学技术出版社及部分省、市、自治区人民出版社提供出版信息，以书目形式，向广大读者介绍科技新书刊，便于读者选购科技新书。

3.《上海新书目》：周报，新华书店上海发行所主办，主要介绍上海版图书，每期400种左右。《上海新书目》虽然只是反映上海地区新出版图书的一份地区性征订书目，但由于上海是我国重要的经济文化中心，其出版业在全国有着广泛的影响，如上海人民出版社、上海三联书店、上海古籍出版社等都是全国著名的出版社，所以这份书目报在实质意义上超出了地方性征订书目的界定，是图书馆采访人员掌握文献出版动态的重要渠道之一。

4. 专项目录：主要有两种方式，一是供书商提供的综合书目或专类目录，多数是现货目录，提供给图书馆供挑选订购使用，例如年鉴类图书目录。二是图书馆根据馆藏情况提出需要的图书类别或目录，交供书商配书，仍然是预订图书模式，一般用电子表格形式传递。电子表格较之纸本的优势是，传递快捷，查重方便，可以拷贝作采访数据。

5. 网上书目：网上书目浩如烟海，归结起来大致有三类：一是出版社网站登载的本社书目，可以下载查重，二是供书商网站，三是无店面的网络书店。其中供书商规模各异，既有大中型有一定影响的馆配商，也有许多小型无名网站。囿于网上支付制约及其他原因，目前图书馆在网上购书基本没有形成规模，只是作为零星补书的一个渠道。

【实例2】

全国图书博览会

全国图书博览会，原名为全国书市。2007年在重庆市举办的第十七届正式更名为"全国图书交易博览会"。经过二十多年，全国书博会也已由最初单一的图书交易活动，发展为融出版物展销、信息交流、行业研讨和倡导全民阅读等功能为一体的文化盛事。书博会渐由"独木"长成"林"。从1980年第一届全国书市开始，先后在北京、上海、广州、成都、武汉、深圳、长春、西安、长沙、南京、昆明、福州、桂林、天津、乌鲁木齐、重庆、郑州等城市举办。2006年8月5日，中央颁布了《国家"十一五"时期文化发展规划纲要》，全国书市被列入这个纲要，并更名为"全国图书交易博览会"。从第十七届正式更名，一直沿用至今。算起来，全国书博会已成功举办了18届。从近几届来看，全国书博会影响越来越大，经济和社会效益越来越显著，已经成为展示出版业改革发展成果的重要窗口和促进全民阅读、建设学习型社会的重要载体，推动举办地经济、社会、文化发展的重要平台。

2.2.4 合理有效的图书采访对策

确定正确的图书馆馆藏建设目标是做好图书馆采访工作的前提。图书馆馆藏建设要走特色化之路，实施特色化策略，即系统完整地搜集与本地相关的重点领域、特色产业和某些专题图书信息，使馆藏文献信息资源体现鲜明的特色性和专业性。

• 合理预算年度购书经费，避免突击采购：图书馆的藏书建设是一个逐渐积累的过程。只有经过多年的积累，才会形成科学合理、富有特色的藏书体系。为了提高图书馆的购书质量，保证藏书的科学性和合理性，要有计划地分配购书经费，以便图书馆有计划地制定采购任务，尽量避免突击采购。

• 制定年度采访计划：为了使图书采访有计划地进行，避免盲目采集，必须根据图书采访方针，即采购藏书的范围和采购图书的复本数，结合图书馆当前需要、馆藏建设目标、出版发行情况以及年度图书采购经费预算，制定出较为详细的图书年度采访计划。

• 树立读者为本的思想，广泛征集读者意见和信息：图书采访要以满足读者的需要为前提。因此，要经常保持同广大读者的接触，认真听取来自各方读者对图书需求的意见，并认真考虑不同读者群的需要。可通过设立图书订购信息推荐处、召开读者座谈会、个别走访、随机询问等获得大量第一手资料，以增强选书的针对性，减少盲目性，或建立"专家推荐机制"，提高图书馆采访质量，也可尝试让读者直接参与到采访人员采集图书的过程中，买读者需要的书，不过这种方法还有待于在实践中进一步完善。

2.2.5 馆藏经费预算与分配

馆藏经费预算与分配要求图书馆对未来一定时期内（通常情况下为一个财政年度）用于购置信息资源的收入与支出进行计划，避免经费使用的盲目性。

经费预算与分配方法有：历史经验法（根据以往文献经费预算与分配使用情况的统计数据加涨价因素的估算）和模型分配法（分析各种因素，设计各种模型后计算）。

馆藏经费需考虑的因素：

- 对本馆馆藏发展政策及馆藏发展战略规划进行分析和研究，确定预算年度馆藏发展的重点；
- 对上一年度及本年度（或近两至三年）经费使用现状的统计、分析与研究；
- 对上一年度及本年度资源使用情况进行统计分析（即经费使用效益的评估）；
- 下一年度读者需求分析（用户需求及重点建设任务的预测与分析）；
- 对近三年内不同学科、不同载体类型的文献规模和价格进行分析；
- 本年度经费使用结果的统计分析数据。[①]

文献购置经费管理中应当注意的问题：

---

① 李晓娟. 文献经费预算、分配和控制方法. PPT

• 对供货商返回的折扣等各种款项，均应如实入账，不得以任何方式设置账外账或小金库；

• 应当加强经费预算的严肃性，预算原则上不进行调整。

• 文献采访完成后要及时办理资产账务登记。在实际操作过程中，通过购置获取的文献，按照购置价格和购置清单进行办理；对通过捐赠、交换等渠道获取的文献，按照其实际价格（无定价须进行估价）和数量，凭明细单交财务部门办理固定资产登记。①

2.2.6 合作采访

合作采访是多个图书馆之间分工合作，每所图书馆根据其馆藏的重点，分别搜集图书数据，以避免重复，并节省购书经费，进而达到资源共享的目的。②

在经费短缺，而读者信息资源需求庞大的矛盾下，如何以有限的经费投入获取最大限度的文献信息并产生尽可能大的读者满意率？显然，我们需要一种新的工作方式来解决这个难题，这个新的工作方式就是合作采访。

合作采访可以扩大馆藏，减少重复采购，同时，通过馆际互借、交换、复制以及建立合作检索网的办法，谋求充分发挥每册图书资料的作用。

合作采访的方式包括：图书馆与图书馆合作和图书馆与出版社之间合作。

图书馆与出版社合作采访的具体方法：③

---

① 刘兹恒.《图书馆文献采访工作规范》（征求意见稿）解读 PPT. http://lib.ustc.edu.cn/xwh/download/LIU_Ziheng_wenxiancaifangguifanjiedu.ppt.

② 钟佩玲，林沛桦，陈思方.《赠送与交换合作采访》. PPT. http://mail.nhlue.edu.tw/~su/lib/932-04.ppt

③ 张蕾.一种新型的中文图书采购模式——图书馆与出版社合作模式.图书馆建设，2005(6)

• 根据本馆具体情况，选择若干个实力强、信誉好、出版方向与本馆采访方向一致的出版社作为长期合作伙伴。在与出版社建立长期稳固的业务关系之前，做好市场调研，与出版社订立具有法律效力的正式合同。合同内容包括：付款方式、付款期限、折扣率、调换和退货标准和范围（包括图书馆因工作失误造成的业务范围之外的调换和退货）、到书期限、到书率、出版质量等。这样就使得双方有规可循，从而最大限度地保护了图书馆利益。

• 出版社成立面向图书馆的职能部门，根据图书馆的需要提供相关的服务，如在线报订、查询服务、采访数据、编目数据以及加工服务、售后服务等，以便更好地满足图书馆的有效需求，更好地服务于图书馆，如某些出版社成立了图书馆直销部。

• 出版社在自己网站的主页上设立"图书馆服务区"，定期将符合图书馆馆藏特点的新书信息编辑成书目，内容包括 ISBN、书名、著者、版次、单价、内容提要、读者对象等，并可以同时提供印刷版和电子版，供采访人员直接在网上下载。

• 确定主要采购方法。根据图书馆规模、经费、服务方向、所处地域不同，选择适合本馆特点的采购模式。

• 向出版社直接采购。出版社直销中心定期将最新书目信息发送给图书馆，或由采访人员直接在出版社的"图书馆服务区"下载电子版书目，并可将书目转入图书馆系统的数据库，通过批处理查重，直接以网上订购的方式向出版社下订单。

• 出版社在第一时间将图书配送到馆，对于不符合馆藏要求的图书，出版社负责无条件退换，包括图书馆因工作失误造成的重书等。对到馆的图书，出版社配有标准的 MARC 数据等。

图书馆应该摈弃旧的采访体制和观念，结合本馆实际，开辟采访新渠道，制定合理的采访策略，选择合适的中文图书采购方式。若能从出版社直接购书，将大大地拓展图书馆的图书采访范围，增加采访品种，减少中间环节，缩短从采访到与读者见面的时间，从而提高采访效率和馆藏质量，达到以更大的信息量、最快的传播速度满足读者对信息的需求。

2.2.7 采访人员基本素质要求[①]

选书是一项具有较强知识性和学术性的活动,而这项工作是必须通过人去完成的,因而人的素质决定了选书的优劣。选书工作尽管应该有馆外有关专家的参与,但采访人员在选书工作中始终起着主导作用。所以,采访人员的素质直接决定着入藏文献的质量。

那么,选书工作对采访人员的素质提出了哪些方面的要求呢?

首先,它要求采访人员具有良好的思想素质。就是说,采访人员要认真贯彻执行党的路线、方针、政策,要有献身图书馆工作的事业心,要有勤勤恳恳的工作态度和刻苦钻研精神。

其次,它要求采访人员具备合理的知识结构,主要包括这几个方面的知识:

1. 要有比较系统的图书馆学专业知识,并能将理论知识自觉地运用于实践,熟悉图书馆工作的各个环节,了解本馆藏书体系结构、收藏的范围、重点等。

2. 要有广博的知识面,最好能精通一门专业,兼及邻近多门专业,使选书工作在一定深度和广度上进行,与当今科学知识的分化与综合的发展趋势相适应。

3. 要有较丰富的书目文献知识,能利用书评、索引、引文等传播文献信息的工具,全面掌握国内外图书文献及学科发展的现状与动态,以便在一个宽广的信息源基础上,对文献进行挑选。

再次,它要求采访人员掌握基本的技能,能基本掌握图书文献的出版发行动态,了解主要出版发行机构的性质、特点、出书范围、出书质量;要思想敏锐,善于及时捕捉来自各方面的信息,如国家大政方针、本地区经济及科学、教育、文化发展动向等等。

---

① 沈继武,肖希明. 文献资源建设. 武汉大学出版社,1991

2.3 藏书建设方法与技巧

2.3.1 馆藏评估

馆藏的质量构成是多方面的,主要包括建藏质量、组成质量、使用质量和时间四个方面。馆藏质量评价指标体系,就是针对上述内容加以评估。

建藏质量指标:

建藏质量指标是指在建立规划图书馆藏书时整体的质量指标,这些指标应该从图书馆购书经费的使用、藏书量的多少、采选图书的质量、馆藏建设是否具有特色性、新颖性等方面去衡量。

1. 经费使用

图书馆的文献采访人员应从实际的情况出发,合理使用有限的购书经费,使其最大限度地发挥应有的经济效益。

2. 馆藏量

馆藏量是评价一个图书馆规模和服务能力的基本标志之一,对馆藏量的评估可以分为以下几个方面:

(1)藏书数量。藏书数量的多少是衡量一个图书馆规模的标志。图书馆历年所藏书的总量必须与其规模相吻合,比如省级馆、地级馆、县级馆以及社区图书馆(室)都必须有与其规模相符的藏书总量。藏书总量的统计既包括入藏的纸本资源,还涉及购买的电子文献。

(2)馆藏文献覆盖率。这是指文献占各学科领域文献的比例,它是衡量图书馆收藏文献完备程度的重要标志。这是一个相对指标,任何一个基层图书馆都不可能也没有必要收藏所有学科文献。基层图书馆应根据本地读者成分、地方产业特色、历史沿革、未来规划等实际情况,在相关文献收藏范围内,尽可能达到较高的文献覆盖率,使主要服务对象方面的文献收藏达到较高的完备程度,否则,就难以形成馆藏文献特色,读者的满足率也将降低。

(3)新书增长率。这体现馆藏的时效性。文献的时间结构不仅反映了知识记录源远流长和推陈出新的纵向关系，也从另一侧面反映了文献的质量。国内学者研究发现，读者借阅近十年出版的中文科技图书占历年出版科技图书流通总量的80%，而文献的半衰期也揭示了这一变化规律。国外学者研究表明，含有新信息的文献约占现有文献总量的25%。这就是说，只要购入达25%，就能保证近乎100%的信息完备性。所以，把新书增长率作为图书馆文献质量评价内容是很有意义的，它可以鼓励图书馆加快文献的更新。

3. 馆藏特色

馆藏建设应该具有特色新颖性，有条件的基层图书馆应该设立地方文献专藏体系，地方文献阅览室或在开架阅览室设置地方文献专区，或设有地方文献目录。鼓励基层图书馆因地制宜，建设并发展有自己特色的馆藏。

组成质量指标：

所谓“馆藏的组成质量”是指馆藏体系的整体质量，它应该从馆藏组成的内容质量以及结构质量上去考虑。

1. 内容质量

馆藏的内容质量，主要通过馆藏的学科门类、各种类型图书文献本身的知识情报价值来体现，馆藏的内容质量是科学价值、现实价值与参考价值三者的统一。

对馆藏内容质量的评估，可以从馆藏的深度以及新度上来进行评价。馆藏的深度主要指重点藏书收藏的系统性和完整性，重点藏书是根据图书馆的主要任务和主要读者对象的需要进行选配的某些学科、专业或专题范围内系统完整的书刊资料，是馆藏范围中核心部分和主体部分，其范围包括纸本文献和电子资源。而所谓“藏书的新度”是指各学科领域里最新书刊在馆藏总数中所占的比重，即藏书的新颖程度，它是藏书质量的宏观指标。藏书的新度通常从两个方面来体现：

(1)新书率。即新书数量与藏书总数的比值,写成公式,则是:

新书率=新书(纸本和电子)的种数(或册数)/藏书的种数(或册数)×100%或新书率=半衰期内文献量(纸本和电子的种数或册数)/馆藏文献总量×100%

这实际上也规定了什么是"新书",我国通常指出版时间在5年以内的书为新书。

(2)藏书的新度表现为书刊中包含的新理论、新观点、新材料、新方法和新工艺的多寡。很显然,所含上述"五新"越多的书就越是新书,包含新书数量越多的藏书,其新度就越高,而新度越高的藏书,它的质量就越高。

2. 结构质量

馆藏体系的结构质量,即馆藏体系结构的科学合理程度。藏书结构状况是馆藏评价的重要内容,合理的藏书结构必须能反映图书馆所在地区或所在单位的特点,对馆藏结构的评价主要从以下几方面进行:

(1)学科门类结构。即各学科门类的藏书比例,这些比例要和本馆读者需求相适应或基本适应。

(2)文献类型结构。主要考察不同类型、不同出版形式的文献比例以及与读者需求相适应的状况。

(3)等级结构。美国的"五级藏书制"提出了藏书结构框架模式,这个模式是按照读者需求种类和保存任务,结合原有藏书密度和现有搜求深度来表示五级藏书的不同标准要求,即完整级、研究级、学习级、基础级、最低级。要考察本馆收藏的各学科各类型文献是否体现了一定的层次级别,这种层次级别与读者的需求类型,需求层次是否相适应。

(4)时间类型结构。按出版物的产生时间,可将他们划分为属于不同时期的馆藏资源。有些学科的藏书,具有从古至今历史发展的系统性;有些期刊和连续出版物累积几十年以来的完整收藏,成为史料和珍藏。

(5)文种结构。考察馆藏资源的文种比例，分析这些比例是否与本馆读者掌握的语种状况相适应，是否和各语种文献的出版量大体相适应。

(6)馆藏组织结构。指是否采用了科学、标准的分类法，例如国家标准分类法——《中图分类法》，是否归类正确，反映充分，排架准确无误，馆藏是否较好地反映各学科之间的隶属、并列、交叉、相关等关系，馆藏的划分和布局是否充分考虑馆藏的特点和藏阅合一的需要，形成严密的体系，使之既有利于管理，又有利于整体效能的发挥。

使用质量指标：

藏是为了用，馆藏建设的目的就是充分发挥馆藏的使用效果。馆藏建设的成效如何，馆藏质量的高低，最终要通过馆藏的使用质量反映出来。馆藏的使用质量，受着图书馆藏书对知识信息的提供和读者对知识信息的需求活动中多种因素的制约。就藏书的质量而言，馆藏使用质量，包括满足读者需要的程度，藏书被利用的程度和读者使用后所产生的阅读效果。

1. 藏书满足读者需要的程度可以通过藏书保障率、藏书拒借率和藏书适用率来体现。

(1)藏书保障率

藏书保障率即是图书馆每个读者平均占有的藏书量，或每个读者到馆一次可以获得的藏书的平均数量(不计借阅规则的限制)。其计算公式如下：

藏书保障率＝馆藏(纸本和电子馆藏)总数(种数或册数)/读者总数(人数)×100%

它既是从数量角度来评价馆藏文献的指标，又是馆藏文献质量评价的基点。必须先有一定数量方可有质量，数量是质量的基本保证。因此，馆藏文献保障率是评价馆藏文献数量的一个重要方面，是衡量一个图书馆的发展状况或满足读者需求能力的重要标志之一。

(2)藏书拒借率

藏书拒借率指一定时间内，在读者提出的合理借阅要求中，未借到书刊的数量占读者所要借阅的书刊总数的百分比。其计算方法如下：

藏书拒借率 = 没有借阅到书刊的数量/要求借阅的书刊的总数量 ×100%

藏书拒借率受多种因素的影响，就藏书来说，拒借率的高低标志着藏书质量的好坏。根据藏书稳定状态理论，质量高的藏书，其拒借率不应高于20%。

(3)藏书适用率

根据文献的老化规律，其"半衰期"(现时正在使用的文献中较新的一半的出版时间)平均约为5年。图书的最大借阅年限与期刊引文的最大年限有着相似之处，也是在2到4年后。以当年读者利用图书种数与前五年入藏图书种数的比率来计算适用率，比较合理。因此，藏书适用率的公式可以这样表示：

藏书适用率 = 当年读者利用图书(纸本或电子)册数/前五年(含当年)入藏图书种数 ×100%，至于期刊，由于每个馆每年订购的种数(以1种1份为标准)基本是稳定的，除了停刊或因需要增订新刊外，都具有连续性和稳定性的特点。这样，以"种"为单位计算期刊的适用率，就更为准确。期刊适用率 = 当年读者利用期刊种数/馆藏期刊种数。

2. 藏书被利用的程度

藏书被利用的程度，可以用藏书利用率(也称周转率)来量化表示。藏书利用率指一定时间内，读者借阅书刊的总册数占馆藏书刊总数的百分比。其计算公式为：藏书利用率 = 藏书(纸本或电子)借阅册次数/馆藏文献总数 ×100%

利用率高低是对馆藏质量、馆藏结构等方面的综合反映。一般来说，藏书利用率越高，说明藏书越符合读者的阅读需要，说明藏书的知识信息被开发、利用得越充分，其质量也就越高。

反之,藏书利用率低,说明质量差。苏联规定一般图书馆的藏书利用率要达到140%—300%;日本市民图书馆希望达到400%,而我国大多数高校图书馆和省级公共图书馆仅达到30%—35%,基层图书馆还要低于这个数字。有关专家指出,我国的公共图书馆应争取藏书的利用率达到75%左右。

时间指标:

随着时间的推移,图书馆的藏书质量也会随之发生变化。在时间的维度上,我们可以通过图书馆的藏书剔旧以及藏书补充这两个指标来评估图书馆的藏书质量。

藏书是一个动态体系,也是一个新陈代谢的过程,它不但包括新书的补充,还包含旧书的剔除。在藏书建设中,一般图书馆往往只重视藏书补充,而忽略藏书剔除。实际上,图书补充和剔除都是图书馆藏书建设中的两个重要环节,它们是藏书发展相互联系的两个方面。

1. 藏书剔旧

图书馆要做好藏书剔除工作,需积极、慎重、有组织、有计划、有步骤地进行。除了要确立明确的剔旧方针以及范围、步骤,还要保证一定的剔旧率。

2. 藏书补充

对图书馆藏书补充的评估,是可以通过图书馆的藏书年增长率来量化考核。馆藏质量与数量之间,不仅是相互依存的,而且又是相互对立的。片面地追求藏书数量就会降低藏书的质量,甚至最后成为一堆废纸;但不适当地强调质量,也必将导致藏书数量上的匮乏,拒借率的增高。要正确处理好藏书数量与质量二者间的关系,就要设计出最佳的藏书保障率,计算出最佳的藏书量,基层图书馆通常把藏书年增长率控制在5%—10%左右。

另外,在实际工作中,为了简化评估,图书馆还经常使用一些经验

性评估方法：①

一是运用直接观测法评估藏书。

这种方法是通过直接查看书架上的文献，对藏书进行评估。运用这种方法，可以对馆藏文献的构成有个大概了解，如藏书的规模、范围、深度及重要性、文献的现实价值、外形状况以及文献的储藏、保护、修复及更新情况。通过对这些情况的了解，并把它与其他图书馆的藏书加以比较后，就能够对该馆的藏书作出比较恰当的评估。用这种方法评估藏书的人员，必须是某学科主题的专家，否则便无法做出比较正确的判断。但即使如此，仅凭个人的知识是无法做出充分评估的。因此，把观察后的数据与流通统计、基本书目、他馆的馆藏目录相比较，即参照其他评估法是必不可少的。

这种方法的优点是比较简便、迅速，适用于各种类型的图书馆。明显的缺点是只凭检验人员的印象进行鉴别，因而所作出的判断是不一定准确的。

二是运用用户评议法评估藏书。

这种方法是从图书馆用户（读者）那里搜集有关藏书质量的意见，因为归根结底，读者是最了解情况的，知道哪些书符合他们的需要，哪些书不符合他们的需要，尤其是专家型读者，他们对某个方面的文献是很熟悉的，不仅知道哪些书刊对哪个图书馆有用，而且还知道在哪个地方可以获得这些文献。同时，通过读者评议，还可了解读者使用馆藏文献后，在生产、科研、教学中解决了什么问题，因而它也是考查藏书使用效果的有效方法。

运用这种方法，要求对读者或读者团体进行调查，可用访问或发出征询意见表的形式，或兼用两种形式获得口头和书面的答复。

这种方法直接反映了读者变化着的需要和趋向，使图书馆较快地获得来自读者方面的需求信息，而且这种办法对各种类型的读者来说都是可以做到的。它的缺点在于，读者的意见往往是主观的、零碎的

---

① 沈继武，肖希明. 文献资源建设. 武汉大学出版社，1991

或消极的，而且读者的兴趣与需要可能会集中在很窄的范围内，而图书馆的藏书发展方法却要广泛得多，因而不能满足调查的要求。

以上两种方法，基本上是定性的经验方法。要对藏书做出比较准确的评估，还必须运用各种定量研究的方法。

2.3.2 藏书特色与利用

1. 藏书特色化与藏书协调

藏书特色化与藏书协调之间存在着辩证的关系。藏书特色化是藏书协调的基础，如果没有各馆明确的藏书特色，藏书协调就无法进行。另一方面，如果没有藏书协调作为各馆满足读者需要的保障，那么藏书特色化也就失去了意义。因此，藏书特色化与藏书协调是必须同时进行的活动，它们作为一个整体，是文献资源建设必须遵循的重要原则。

藏书特色化要与藏书协调相结合，一是要使各级各类图书馆，建立自己有重点有特色的专门化的藏书体系。这种藏书体系要符合宏观规划要求，具有较强的实用性，能够满足本馆读者的绝大部分需求。二是要使各地区、各系统乃至全国范围的整体图书馆群，建立起多馆的类别齐全、类型多样的综合化藏书体系，这种藏书体系要辐射面宽，整体性强，能够满足整个社会的文献情报需求。

文献资源建设的实用性、系统性和特色化与协调三项原则是一个相互联系、不可分割的统一体。其中，实用性原则是基本的原则。系统性原则和特色化与协调原则，既要以实用性原则为前提，又是实用性原则的保证。他们全面反映在文献资源建设的全过程中。遵循这些原则，就能建立起科学合理的文献资源体系。

2. 怎样提高馆藏资源利用率

提高馆藏资源利用率的方法有很多，比较适合基层图书馆的做法主要有：

(1)缩短图书加工周期、优化图书采访工艺流程

图书馆的新书早一天上架与读者见面，就早一天发挥效益，上架

图书在单位时间内多一个人使用,就会多创造一份效益。①

一般图书从采购到可借阅,往往需要一段时间,有些时效性强的图书,很有可能到上架就已经过时了,因此需要缩短处理时间调整加工流程。具体可以参考的做法包括:

• 采访工作业务外包:编目工作外包、辅助编目工作外包(贴磁条、书标制作等工作)。

• 直接订购:热门、热点的图书和时效性比较强的图书或者是读者推荐频率比较高的图书,可以直接到书店或书市购买,也可以利用网络购买。一些图书供应商采用了给图书馆直接送去拟购书样本的模式,让读者挑选,然后由订购人员查重后选购;国内也有一些图书馆采用引入图书供应商在馆内设立新书样本展示,直接由读者挑选馆藏,再加工流通的方式。另外,在采访制度允许的情况下,也可以直接通过大型专业出版社订购,以省去发行商运作过程。②

• 提高采编人员工作技能,加强采编规范,并采取流水化作业,缩短分编时间。

• 利用外来书目数据:购买标准化书目数据,采用书商提供的书目数据等。

• 新书到各馆实行临时入藏,新书简单加工后直接外借,边流通,边加工。

(2)优化藏书布局

如今,传统的封闭手工借阅管理模式基本发展成全开架借阅一体化开放模式。读者不再需要通过查阅目录卡片,依靠图书馆工作人员的帮助检索图书资料,而是根据自己的阅读需要到书架上自由挑选图书,读者可以直接浏览排列在书架的图书。开架借阅是现代图书馆服务的重要标志,它增强了图书馆的亲和力,缩短了图书馆与读者之间

---

① 王玲.提高图书馆藏书利用率的有效策略.西安石油大学学报(社会科学版),2005(5)

② 王玲.提高图书馆藏书利用率的有效策略.西安石油大学学报(社会科学版),2005(5)

的距离以及读者与图书资料之间的距离，大大提高了文献资料的利用率。[1] 由此，藏书布局显得尤为重要。

藏书布局必须遵循的原则：

• 藏书布局按类组织合流存放，这样比较符合读者的检索习惯。物以类聚，这个"类"要让读者容易掌握和辨认。一般可从文献外部特征分为报纸、期刊和图书三大块组织合流借阅是可行的，便于操作和利用。

• 布局的相邻原则，即同一类型的文献存放在一起或分布在相邻的空间，这样的布局实行开架管理，便于读者就近查找和借阅。

• 将检索性期刊和普通期刊合流一室，方便读者在一个刊厅内同时能查检索性期刊和普通期刊，省了查找时间。

• 开架借阅厅配备几台电脑，集手工检索和计算机检索于一室，方便读者使用。这对工作人员提出了更高的要求，需要全面熟悉馆藏，熟练掌握检索方法，同时为定题服务和参考咨询提供了有利条件，更好地为读者服务。

(3)运用科学的管理方法管理开架书库[2]

• 制定"代书板"使用制度

图书馆工作人员应经常巡视，及时纠正不正确使用"代书板"现象，从根本上防止乱架，促进开架优化管理。

• 实行色标管理，设置醒目的架位类目指示牌

图书馆应绘制开架书库平面图，设置醒目的、较详细的类目指示牌。每层书架均应留出一定的空隙，把每排书架上所排列好的图书按照从左到右，从上到下的分类顺序抄写下来，复印放大，贴在书架两端外侧的上方，这不仅使读者走进书库便可一目了然，而且也大大节省了读者的借阅时间，同时也减少了串架、乱架现象的发生。

• 设立新书阅览架

设立新书阅览架也是一种为读者服务的好方法，既能提供最新的

---

① 张琳，雷红. 21 世纪高校图书馆开架借阅的利弊与对策. 图书与档案，2008(15)

② 张琳，雷红. 21 世纪高校图书馆开架借阅的利弊与对策. 图书与档案，2008(15)

文献资料,正确引导推荐优秀书刊,又能尽可能地避免乱架现象。

• 配备相应复制设备

配置先进的复印、转录、刻录设备以及读者检索用机,降低成本,全天开放,给读者提供细致、深入、方便、快捷的服务,从而尽可能地避免污损现象的发生。

(4)编撰主题书目、提供方便快捷的检索服务

系统全面的主题书目,可以让读者更好地了解馆藏资源,有针对性地提出信息需求。

完善检索系统,可提高文献及电子资源的检索利用率,包括期刊、数据库和其他信息资源的联机检索利用。

(5)重视参考咨询服务

借助馆员专业技能为读者提供定题服务,解答读者的咨询,大到研究课题,小到借阅一本书、查一个概念,都是帮助读者利用图书馆信息资源的重要手段。

(6)提供人性化图书馆基础服务

• 增加阅览室开放时间。

• 缩短特种图书文献资源借阅周期:一些时效性高的图书、专业图书、复本有限借阅频率高的图书等文献资源可适当考虑缩短其借阅周期,或调整读者的续借次数等方法让更多的读者能够利用到需要的文献资源。

• 推送式服务:主题信息资源推送式服务,或者将图书馆功能服务延伸到馆外,开展移动图书馆服务等。

• 引导服务:图书馆应该有明显的标引系统,馆员也应随时了解读者需求,主动帮助读者找到需要的文献。有能力的图书馆还可以定期开展读者培训,教育读者如何利用图书馆资源,并让其掌握必备的信息资源检索技术。图书馆也可以提供多种形式的导读服务,如写书评、编制文摘、开发电子书、建立导航站、自建新书数据库等导读,还可以采用新书通报介绍图书,邀请一些热心读者,包括教授、专家、工作人员或学生对新到馆的图书进行评价、写读后感、书评,或者摘取报纸

以及网上有关书评的文章等等，放到图书馆网页上或者贴到各个阅览室最容易被读者看到的地方，以此加强对文献的宣传，强化导读工作的功能。①

(7)馆际互借资源共享

馆际间的资源共享使得图书馆资源拥有了更广泛的读者群体，可以有助于图书馆资源利用率的提升，前提是需要有全面、方便、快捷的信息资源检索系统以及馆际间文献传递的配套体系。

3. 馆藏资源导航

“为书找人、为人找书”是图书馆工作的基本内容，也就是“信息资源导航”。信息资源导航是围绕着相关文献所包含的知识展开组织、扩散、创新这三个知识管理的核心问题开展运作，以满足用户需求的高效性、交互性和深入彻底性，帮助用户解决实际问题。

信息资源导航的作用：

• 推荐优秀书刊

图书馆的文献信息资源丰富，读者要将馆藏资源逐一阅读显然是不可能的。在阅读中必须借助书评发挥导读的作用，在茫茫的书海中指示航向，使读者在最短的时间内，获得最需要的信息，并使研究者获取新知识、新观点、新材料和科学发展的新趋势、新成果，推动学术研究工作。

• 进行阅读辅导

图书馆的社会职能通过阅读辅导才能充分体现。创造有特色的图书馆藏为阅读辅导打好基础。

• 调整需求方向

对不同层次读者进行分析研究，调查阅读倾向和走势特征，不断调整阅读需求的方向；并进行综合性的书刊阅读跟踪调查，进行流通书刊的大类分析，或对某一方面、某一行业书刊开展阅读分析。此外，阅读流通排行榜和专家点评反映的是一个时期阅读的总趋势，由专家

① 王玲. 提高图书馆藏书利用率的有效策略. 西安石油大学学报(社会科学版)，2005(5)

分析趋势的特点和代表作，起到知识领航员的作用。[①]

馆内信息资源导航的方法：[②]

• 分类导引

图书经过分类按学科形成知识体系，并用符号将其固定下来，再按照一定的科学系统进行传递和导航。书目是信息资源导航最原始的工具。

• 主题导引

在按学科分类的基础上，使用按照事物本身特性来组织知识、信息的方法，即用主题词、关键词等来标引知识、信息的方法。主题词及其匹配方便了复合概念、复合事物及多学科的检索。信息资源导航也可以按主题进行导引。

• 知识浓缩引导

图书馆的信息资源导航并不仅是对单本图书期刊的引导，同样对文献信息中的知识单元、知识内容进行引导，如对文献中的知识内容进行浓缩、提炼，编成文摘、提要等，使用户用较少的时间和精力获得较多的信息。

2.3.3 藏书控制与处理

1. 精化藏书体系

在书刊资料急剧增长的情况下，任何一个图书馆的藏书体系，都不应无限扩张，而应该朝着“精化”的方向发展。所谓“精化”，主要包括三个方面的内容：一是指图书馆采访人员需要对书刊资料加以精选；二是图书馆各部门需要不断对藏书加以复审和剔旧；三是指图书馆之间需要实行藏书协调，合理分布资源。

对书刊资料的精选，包括两个含义，一是藏书采访工作应有明确的计划性。这种计划性应着重考虑这样三个因素：首先是本馆的具体方针任务；其次是本馆的服务对象；第三是本馆的特点与条件。

---

① 王铭庆. 论知识导航在现代图书馆中的地位和作用. 四川图书馆学报，2005(3)

② 张宇萌，张树华. 信息服务与知识导航. 中国图书馆学报，2003(1)

在进行藏书建设时，应优先满足主要服务对象，照顾一般读者的需要，兼顾个别读者的特殊要求。总起来说，叫做保证重点，照顾一般，兼顾特殊。

对书刊资料精选的另一含义是保证藏书体系的科学性。各个科学门类都有自己的专业体系，图书馆所收藏的书刊资料，也应以所反映的专业而形成体系。这个体系有纵横两个方面的要求。纵的方面要保持专业书刊内在的历史连贯性，能够反映出它们发展演变的脉络；横的方面要考虑某个或某些学科在整个科学领域里相互渗透、相互交叉的关系。

需要考虑的要点：

• 读者需求与文献品质

在馆藏建设过程中应做到既注重读者需求也注重图书品质。读者的需求因人而异，多种多样，如果图书馆在选书时过分重视读者的要求，读者要什么就选什么，就抹杀了选书工作的专业性，而且也无法建立合理的馆藏，这样的图书馆与出租书屋就没什么分别；如果图书馆过分重视图书品质，就极有可能造成大量馆藏无人使用的局面，这就不是现代的图书馆，而是成了古代的藏书楼。在图书馆建立馆藏的过程中，读者需求与图书品质之间的冲突是无法避免的。所以，图书馆不仅要为读者提供图书，更要提供最好、最有用的图书。采访人员要依据本身的学科知识与对图书馆馆藏结构以及读者需求的认识了解，在建立合理馆藏的同时，引导读者利用这些馆藏，而不能为了迎合读者的口味盲目地建立馆藏。①

• 数量与质量

馆藏资源的数量，包括馆藏资源总量和增量。为了最大限度地满足图书馆用户需求，必须在确保质量的前提下尽可能增加馆藏信息资

① 刘建勋．图书选择——图书馆藏书建设的关键．情报检索，2006(11)

源的数量，使有限的经费发挥最大限度的作用。

• 一般与重点

图书馆要处理好一般馆藏和重点馆藏的关系，做到兼顾一般保证重点，充分发挥有限经费的效益，避免片面侧重某一读者群体需求的做法，要有计划按比例配置馆藏信息资源，充分体现馆藏信息资源配置的科学性和合理性。在保持自己已有的藏书特色的基础上，根据读者需求，调整各种文献资源的比例结构，有重点地进行资源投入，采取不平衡发展战略，才能适应和促进整个文献资源建设的合理布局，才能达到全局的效益最大化、系统的最优化。

• 载体形式配置

正确处理纸质信息资源与电子信息资源的关系是馆藏信息资源配置的另一个重点。

计算机和网络通讯技术的迅猛发展要求图书馆以全新的思路去思考和规划自己的藏书发展体系。复合图书馆的信息资源既要包括传统手写型、印刷型、缩微型、视听型文献，又要包括电子或网络信息资源。做到既有实体文献，又有虚拟文献，既有单一媒体文献，又有多媒体文献，既有联机信息资源，又有脱机信息资源。①

电子信息资源是馆藏信息资源建设的一个发展方向。但是，纸质文献迄今还是馆藏信息资源的主体，纸质文献既不可能也没有必要全部转化为数字化文献。新出现的信息资料，往往同时发行纸本与电子本，并不采取单一的数字化形式。虽然电子本近期发展迅速，但纸本在数量上依然占主导地位。电子文献的利用更多地受使用者的习惯与设备的影响。计算机普及率以及个人利用计算机检索资料的能力都需要更进一步的完善，故在入藏电子文献时应结合国情、馆情，采取审慎的态度。

---

① 王威. 复合型图书馆的信息资源管理. 新闻前哨，2006(12). http://www.cnhubei.com/200701/ca1248615.htm

2. 馆藏文献的等级结构①

馆藏等级结构也称馆藏级别，是馆藏文献结构的基本框架，用以反映所收集文献的内容深浅程度、完备程度以及满足特定文献需求的水平。每个图书馆首先应根据馆藏特色和用户需求确定馆藏的内容范围，然后根据馆藏内容来划分馆藏级别，并确定馆藏的载体形态，由此形成馆藏文献结构。

美国图书馆协会(ALA)《馆藏发展政策指南》第二版将馆藏级别划分为比较宽泛的5个整数级别和更精细的10个级别，对我国基层图书馆藏书建设有一定指导意义。

"0"不收藏：图书馆不收藏该学科的文献。

"1"最低级：除十分基础的文献外不做任何采选。对该级别文献的流通信息必须经常和系统地审核，剔除旧版或内容陈旧的文献。该级收藏仅支持对某一学科(主题)领域作粗浅的了解。采选少量的基础著作和参考文献。

"1a"最低级——不平衡覆盖：几乎不进行采选，不对学科做系统揭示。

"1b"最低级——平衡覆盖：几乎不进行采选，但收藏基本作者的一些核心著作，或反映主要流派的著作，可以解答基础问题。

"2"基础信息级：选择性的文献收藏，用以介绍、认识和解释某个学科。该级别可选择收藏该学科(主题)领域重要著者的代表著作、基础教材、学科史概述、主要的综合性期刊以及权威的参考工具，原则上不收外文文献。

"2a"基本信息级——初级：该级的重点是提供介绍和解释某个学科的文献，包括基本的参考工具和介绍性著作，比如教科书、学科发展的历史记述、关于该领域主要论题和人物的一般性著作、精选的主要期刊。本级别馆藏只是为了满足那些只想寻找某个学科一般性信息的读者和选择初级课程的学生。

---

① 刘兹恒.《图书馆文献采访工作规范》(征求意见稿)解读. PPT. http://lib.ustc.edu.cn/xwh/download/LIU_Ziheng_wenxiancaifangguifanjiedu.ppt

“2b”基本信息级——高级:本级别涉及比较广泛和深入的主题,需要更广泛地选择基本的介绍性著作、历史记述、参考工具、期刊和索引,以达到介绍和解释某个学科的目的。

“3”学习或教学支持级:该级别馆藏足以系统地传承某个学科的知识,但尚未达到学术研究级的程度。馆藏包括适当载体的、广泛的基础性著作;相当数量经典的回溯文献;比较重要作者的全部著作;次要作者的部分著作;部分有代表性的期刊;合适的机读资料文档;参考工具书和与学科相关的基础书目资料。本级馆藏足以满足公共和专业图书馆读者的绝大多数学习需要。

“3a”学习或教学支持级——初级:馆藏包括最重要的一手和二手文献;基本的代表性期刊;学科索引;与学科相关的基础参考和书目工具。

“3b”学习或教学支持级——中级:馆藏包括广泛的适当载体的基础著作;经典的回溯文献;研究主要论题的全部核心期刊;研究次要论题的部分期刊和原著;适当的机读资料文档;与学科相关的基础参考和书目工具。这些文献足以支持高年级本科课程,但不足以支持硕士研究生教育。

“3c”学习或教学支持级——高级:馆藏包括关于该学科主要和次要论题的相当数量的原著和期刊;相当数量的回溯文献;丰富的次要著者著作;可以引导对研究、技术和评估较深讨论的著作。

“4”研究级:馆藏包括撰写博士论文和进行独立学术研究所需要的已出版的主要原始资料,包括研究报告、新发现、科学实验结果和其他对研究者有用的信息。它要收集所有重要的工具书和广泛的专著以及非常广泛的期刊收藏和该领域的主要索引和文摘产品,也应当包括相关的外语资料。较为陈旧的资料也应当保留,以备历史研究之需。该级别的馆藏足以支持培养博士和进行其他原创性研究。

“5”完全级(或称完整级):根据图书馆的需要,在某一明确而有限的领域内,尽可能地收集全部有价值的文献资料。需要指出的是,对于任何一个不承担国家或地区最终文献保障任务的图书馆,该级别往往应用于某个特藏,因而对收藏文献的文种、时间、地域和载体均需严格界定。

3. 藏书复本量确定

馆藏信息资源配置要处理好文献资源的品种和复本这一矛盾。由于购置信息资源的资金有限,如果复本量大,势必会影响信息资源的品种数量。但是,如果只片面增加信息资源的品种而放弃必要的复本量,又可能使某些热点和需求量大的信息资源短缺,难以满足信息用户的需求。

馆藏品种与复本量是否与实际需求相一致是衡量馆藏质量的重要标准之一。因此,对不同学科、语种、级次、类型的信息资源的数量界限要进行科学的计算,根据本馆的性质、任务及特点和信息用户需求来确定各类文献的收藏,根据藏书空间和管理能力来确定各类文献的收藏量,再综合各方面的因素提出相应的馆藏文献品种和复本量规定。不能孤立地研究某一文献,而应把文献与社会信息资源总体和馆藏信息资源总体联系在一起,考虑到社会信息资源总体和馆藏信息资源总体对该文献复本量产生的重要影响,还要考虑到本单位的收藏特色和优势。

确定藏书复本量,要受到许多相关因素的制约。这些因素主要是:①

(1)现实读者人数

共同需要某一类、某一种书的读者人数,叫做现实读者人数。现实读者人数与该种类书的复本量成正比,它是决定书刊复本量的主要因素。

(2)馆藏基础

馆藏丰富的图书馆,由于内容相同或类似的图书种类较多,读者对同类图书有选择余地,因而同一种书的复本量就应小些。而馆藏基础薄弱的图书馆,则应加大同种书刊的复本量。

---

① 沈继武,肖希明. 文献资源建设. 武汉大学出版社,1991

(3)借阅制度

图书馆的借阅方式、借阅期限和限借册数等规定,对藏书复本量影响较大,如提供外借图书比只是提供馆内阅览图书需要更多的复本。借阅期限短,限借册数少,书刊流通速度快,利用率高,那么藏书复本量就可以少些,反之,则要增加藏书复本量。

(4)出版物的有效期

出版物的有效使用期限对复本量有一定影响。在现实读者人数不变的情况下,出版物有效使用期长,意味着使用次数可以多而分散,而有效使用期短,则只能让读者在短期内集中地使用。显然,使用期短的文献比使用期长的文献需要更多的复本。

(5)流通分支部门数量

流通分支部门,如分馆、阅览室、外借处、资料室等,设置的数量多,意味着同一种类出版物需要数量大,复本量相应增多。

(6)图书馆复制文献的能力

这也是影响复本量的重要因素。如果图书馆复制文献方便,价格便宜,读者需要文献可通过复制解决,没有必要让文献滞留在手中,因而书刊的复本量可以大大降低。

(7)其他因素

影响复本量还有其他的一些因素,如出版物的文种通用与否、价格高低、使用范围宽窄、水平深浅难易程度等等。

以上几个方面的因素相互作用,相互制约,成为确定藏书复本量的依据。

4. 馆藏处理方式①

基层图书馆藏书规模应该有一定的控制。藏书的质量是通过一定的数量表现出来,但在一定时期内,特定规模的图书馆,其藏书量达到一定指标后,应加以控制,由藏书数量的静态无限增长变为趋向动态的“0”增长,也就是使图书馆文献的补充与剔旧协调统一起来。这

① 沈继武,肖希明. 文献资源建设. 武汉大学出版社,1991

样，在一个时期内，图书馆的负荷量可处于相对稳定状态，避免馆舍紧张局势，畅通流通渠道，相对缓解文献资源数量大和经费有限的矛盾。英国的大学拨款委员会针对藏书迅速增长而产生的矛盾，提出了藏书建设的稳定状态理论：要求图书馆不要无限地发展藏书数量而应使藏书的实际增长等于零，所以也称作零增长理论。稳定状态以剔除旧书来实现。

基层图书馆馆藏处理方式主要有：剔除、移架储存和转换形式等。而藏书剔除是图书馆处理馆藏最常见的方式。

藏书剔除是文献资源建设的一个重要环节，因此，它也应遵循文献资源建设的基本原则，其着眼点应放在藏书的实用价值上，看它对本馆的读者是否有用及利用率如何，同时也要考虑文献本身的科学价值、参考价值和文物价值，并注意保持藏书的系统性完整性，这样才能使馆藏和图书馆任务保持一致，持续发展，以满足读者的需求。

藏书剔除的范围大致有以下几个方面：

(1)复本过多长期压架的书刊

在一定时期，为了满足读者集中使用的基本需求，对有些热门书、紧俏书、指定参考书等，采购的复本量大一点，对维持供求平衡有一定作用。但是，当大量读者集中使用期一过，便出现一些书刊复本过多而长期压架的现象。这些书虽然对本馆读者仍有参考价值，但现实使用读者人数大大减少，以至大量复本积压，占据书库空间。因此，除保留必要的复本数量，过多的复本应该剔除。

(2)内容陈旧过时的书刊

内容陈旧过时，主要是指随着科学技术的发展和社会的不断变革，文献中所反映的知识内容失去时效。例如，内容反映旧技术、旧工艺、旧设备、旧材料等没有参考价值的科技图书；观点陈旧、资料过时的政治参考读物和一些社会科学图书；已有更新版本、译本的旧版书；一些消息报导、动态性期刊等等。这些书刊已失去使用价值，应该剔除。判断书刊内容是否陈旧过时，书龄也是一个重要的标准。

(3)内容有错误，不宜公开流通的书刊

当然,图书馆应该收藏一部分内容含毒但有一定参考价值的书刊,以便提供有关部门和读者了解、研究、批判使用,但不宜向一般读者公开流通,甚至宣传推荐。

(4)残缺破损已无法流通的书刊

图书在利用中逐渐损耗,从而完成其使用寿命,是一种正常的自然损耗。据苏联图书馆专家统计研究,精装纸书印刷品,平均流通100次就残缺不堪,不能再修补继续流通使用了。据计算,在每年流通藏书总数中,约有1%的精装书和10%—20%的平装书不能再继续使用。因此,图书馆每年可按1.5%—2%的比例从流通藏书中报销合理损耗率。

(5)实用性差、流通率很低的书刊

在剔除工作中,剔除应被视为更广义的,即“撤离”的意义,其处理方法依据图书未来利用情况的预测分为转移、提存、剔除等三种。1)转移,即自一种性质的书库转藏至另一性质相同的书库,如,保存本系列中教师阅览藏书转移至保存本书库;藏书本身在读者服务方面并无质的改变。2)提存,是指从流通书库中撤离出利用率较低,或复本较高但一时并不需要,而确有潜在价值的图书,藏于提存书库,以保证流通书库的书架空间。3)剔除,是指将流通书库或提存书库乃至保存本书库中题材陈旧,读者面过于狭窄,出版物不含新的情报、内容过于平庸、外形不合规格或破损严重、入藏复本过多的藏书下架注销、送出、处理的一系列工作。

【实例】

山东临沂市兰山区图书馆临沂藏书的剔除

一、划定藏书剔除的范围

1. 内容陈旧,无使用价值的书,例如出版时间超过五年的科技书刊。

2. 复本过多的藏书,如“文革”期间的一些书复本过多,应剔除大部分。

3. 违禁书刊，包括：内容反动的；有严重政治错误的；淫秽色情的；夹杂淫秽色情内容、低级庸俗、有害青少年身心健康的；宣扬封建迷信、凶杀暴力的出版物等。

4. 破烂不堪、已不能再修补的书刊。

5. 盗版图书。

二、如何处理剔除的书

1. 赠送。可选择一部分较适合乡镇的书刊赠送，以便让这些剔除的书刊发挥更大的作用。

2. 馆际交换。在县区级公共图书馆里，通过这种办法处理剔除出来的书刊，是最好的处理办法之一。

3. 在旧书市场上出售。此方法即可满足一些藏书爱好者的需要，也可弥补一点经费的不足。

4. 作废品处理。

三、书刊注销登记

书刊注解登记应包括：注销登记号、财产登记号、书刊名、版本、年、卷、期、注销类型或调拨去向。这样，以后发现问题，无论从哪条线索都能查明原因。

2.3.4 图书排架与目录

（一）藏书排架方法、各类型文献的排架①

馆藏图书是按分类排架法进行排架，即按藏书内容的知识门类，依据一定的图书分类法的组织体系来排列藏书。分类排架按照每本藏书的分类号和书次号组成的分类排架号的顺序依次排列。基层图书馆常用的排架方法分别叙述如下：

1. 内容排架法

内容排架法是指以文献内容特征为排架标志而进行藏书排架的

① 沈继武，肖希明. 文献资源建设. 武汉大学出版社，1991

方法。它又分为分类排架法和专题排架法。

(1)分类排架法

分类排架法是按照文献内容所属的学科体系来排列藏书的方法。由于这个体系与图书分类法体系相一致,所以分类排架就是以图书分类系统为主体排列藏书。由分类号和辅助号两组号码组成分类排架号,分类号代表图书内容所属的学科类目,辅助号代表同类图书的区分号。先按分类号顺序排列,分类号相同,再按辅助号排列,一直区分到各类图书的不同品种。区分不同品种、不同书名以至不同版本的辅助号,通常包括著者号(字顺号)、种次号、登记号等。分类著者号排架法的主要作用是,同类同著者的书可以集中在一起;分类种次、分类登记号排架的主要作用是,同类书按到馆先后顺序编号排列,号码简便,排架迅速。在图书馆,中外文普通图书采用分类著者号排架法和分类种次号排架法的最为普遍。

分类排架法的优点是:①以图书分类表为依据,按文献所属学科体系排列,成为有内在联系、有层次级别、有逻辑序列的体系,使内容相同的书集中在一起,内容相近的书联系在一起,内容不同的书区别开来。②便于馆员系统地熟悉和研究藏书,为调整藏书结构提供依据,也便于宣传推荐图书,有效地指导阅读。③便于读者直接在架上按类索书,尤其是开架书库,便于读者直接从书架上找到同类书或相近类的藏书,扩大借阅范围。

分类排架也有一些明显的缺点:①为了集中同类同著者甚至同复本图书,必须在每一书架、第一格层预留空位,书架不能排满,造成空架的浪费,不能充分利用书库空间。②当新书大量增加、某些类别图书排架饱和、同类新书无法排进而又必须集中在一起时,则要腾空后面书架,各架图书依次向后大挪动。这种整架书刊由于序列与架位饱和产生的大幅度连锁向后移位的活动,称为倒架。倒架耗费较多的人力和时间,增加劳动强度。③分类排架号码较长,排书归架速度慢,容易出错,一旦排错位置,难于检索查找,甚至使某些书一时变成“死书”。分类排架号是内容与形式的双组号,使用起来有一定难度。

尽管有利有弊,但优点是使用方面的优点,是基本方面;缺点是管理方面的缺点,是次要方面。因而分类排架法对于中外文图书的排列,仍不失为主要的方法。

(2)专题排架法

专题排架法也是按出版的内容特征排列藏书的方法。它是将出版物在一定专题范围集中起来,向读者宣传推荐,带有专架陈列、专架展览性质。专题范围与分类范围不同。分类是纵向层累展开,专题则是横向范围的集中,它打破了学科隶属界线,将分散在各个小类、甚至大类下的同一专题的出版物集中在一起,提供给对某一专题内容感兴趣的读者。各专题之间没有必然联系。出版物不标出专题号,只作为临时性排架。专题排架法机动灵活,适应性强,通常在外借处、阅览室及开架书库,用来宣传某一专题、某一体裁的新书。它是一种辅助性内容排架法,不能按它排列所有的藏书,只能排列部分藏书。

2. 形式排架法

形式排架法是按照藏书的外部特征来进行藏书排列的,其主要方法有 4 种。

(1)登记号排架法

主要指按图书馆为每一本书刊编制的个别登记的顺序列藏书。这些登记号只反映出版的先后顺序或入藏的先后顺序,而不管它们的内容归属。按个别登记号排列出版物,简单清楚,一书一号,方便取书、归架、清点,但不能系统反映出版物的内容范围,不便直接在书架上检索利用。作为辅助性排架方法,它与分类排架连用,组成分类序号排架法,是排列中文书刊的常用方法。单独采用登记号排架法的,只适于排列备用书刊和特种文献资料。

除了图书馆给每一本书刊的个别登记号外,许多文献在出版时就被出版者编制了顺序号,如期刊、多卷书、丛书、科技报告、专利说明书、技术标准等各种连续出版物,本身就有出版序号。对这一类文献,图书馆通常直接采用它们原有的顺序号来排列先后。这种方法称为文献序号排架法。其排架的原理及优缺点与个别登记号排架法基本相同,故也可归入登记号排架法。

(2)固定排架法

即按照出版物的固定编号排架。图书馆给每本书刊按入藏先后编制一个固定的排架号,这个固定排架号由四组号码组成:库室号、书架号、层格号、书位号。例如,“0412.537”,表示某本书排列在每4书库,第12书架、第5层第37号书位上。这本书长久固定地排列在这个位置上。

(3)年代排架法

指按出版物本身的出版年代顺序排列藏书的方法。这是一种辅助性组配排架法,特别适用于排列过期报纸杂志合订本及其他有年代标志的连续出版物。排架号通常有年代号与报刊字顺代号组成。排架方法,一般按年代逆顺序排列,近年排在前面,远年排在后面;同年代的再按出版物字顺号或登记号顺序排架。对于10年前的一般图书,年代排架法是一种重要的辅助标志,它表示出版物的新旧及剔除失效藏书的时间界限。

(4)书型排架法

按出版物的外型特征,分别排列特殊规格或特殊装帧的书刊资料,是一种辅助性组配排架法。这种排架法,将不同类型、不同的出版物区别开来,并用不同的字母标示特殊类型、特殊规格书型出版物。印刷品出版物,一般按开本大小,分为16开本、大小32开本、64开本三种。将16开本与64开本的印刷品标示出一定的代号,与32开本的普通书型书分别排架,可以节省书库面积40%左右。同时,分别用不同的字母代表地图、画片、照片、胶片、胶卷、唱片、磁带等等,再与其他标志书号连接,组成排架号。凡是特大、特小规格的书刊资料,都配备特定代号,以示区别。

不同类型文献的排架:

在藏书排架实践中,图书馆对不同类型、不同用途的藏书,采用不同的排架方法,并用两种以上的排架法结合使用,以发挥各种排架法的固有长处,克服各自的局限性。

普通图书的排列,一般采用分类与字顺(著者字顺、书名字顺)或分类与序号(种次号)组配,以分类著者号、分类书名号、分类种次号为排架号。其中,分类种次号排列法比较简单,容易掌握,工作效率高,但不能集中同一门类中同一著者的著作。分类著者号不仅集中同一门类的图书,而且可以在同一门类中集中同一著者的著作。这两种排列法,为较多的图书馆所采用。

期刊排列的方法繁多,一般说来,现刊宜采用分类排架,方法有两种:一是分类刊名字顺序排架法,一是分类种次号排架法。两种方法均先将现刊按知识门类分类,同类的现刊再按文种区分,然后,前者对同类、同文种的各种现刊按刊名字顺序排列,后者则按种次号排列。过刊一般情况下可采用形式排架或分类排架。形式排架法有三种可供选择的方法:一是刊名字顺排架,即按刊名称字顺排列,同种期刊按年、卷数字顺排列。二是登记号排架法,即按过刊合订本的财产登记号顺序排列。三是种次号排架法,给每种期刊按其到馆先后顺序编一种次号,然后按此号顺序排列。分类排架则和现刊分类排架法相同,一是分类刊名字顺排架法。二是分类种次号排架法。

资料一般用形式排架法排列。内部资料和零散资料,出版形式多种多样,篇幅也较小,应装入资料盒或资料袋中,采用登记号顺序排架。科技报告、专利说明书、技术标准等特种文献资料,因原来就编有各自的报告号、专利号、标准代号,所以按原有编号的顺序排列,原编号就是索取号。缩微胶卷、磁带、磁盘、唱片等资料需存放在盒内,按顺序编号,实行固定排架。

一些版型特殊的图书,如大开本书、图表、卷筒等,采用书型排架法并和其他排架法配合。一般是先分成几个类型,以不同字母标示,即书型号,然后在同一类型中再按登记号排,由书型号和登记号构成该书的索书号。

无论采用何种排架法,都应编制相应的排架目录。排架号反映在目录卡片上。书库和书架，都应标识出出版物顺序号名称，以便检索。

（二）文献目录

按文献特征分类：

题名目录：将文献的题名用作检索标目，再按其一定字顺次序编排而成的目录。

责任者目录：又称著者目录，是将文献的责任者（含个人、机关团体或会议）用作检索标目，再按其姓名或名称的一定字顺次序编排而成的目录。

分类目录：是将代表文献学科内容的分类号用作检索标目，再按其学科分类体系编排而成的目录。分类目录是使用率最高的一种目录。

主题目录：又称标题目录，是将反映文献主题对象的主题词用作检索标目，再按一定字顺次序编排而成的目录，它比分类目录更具有专指性、直接性和灵活性，因而成为科学工作者最常用的检索工具。

以上四种目录各自具有不同作用和特点，又相互补充完善，共同构成图书馆文献报道与检索体系的基础，又称为基本目录。

按文献类型分类：

按文献类型可以将文献目录分为普通图书目录、连续出版物目录、地图目录、专题目录、技术标准目录、乐谱目录、视听资料目录、缩微目录、机读目录等。

按文献语种分类：

按文献语种可以将文献目录分为中文文献目录、西文文献目录（含英文、法文、德文等文献目录）、俄文文献目录、日文文献目录、少数民族文字文献目录、盲文文献目录等。

按目录反映的文献范围分类：

总目录：是反映图书馆所藏全部文献或某一种文字所有文献的目录。

部门目录：是反映图书馆所藏部分文献或局部文献的目录，包括分馆目录、借书处目录、阅览室目录等。

特藏目录：是反映图书馆馆藏文献中具有特殊价值而又单独保管文献的目录，包括古籍善本目录、革命文献目录、地方文献目录、手稿本目录和个人捐赠文献目录等。

联合目录：是反映两个或两个以上图书馆馆藏文献的目录。

按目录的载体形式分类：

书本式目录：是将文献的各项特征按照一定的规则和格式记载在空白书册上编排而成的目录。

卡片式目录：是将文献的各项特征按照一定的规则和格式记载在国际标准规格为7.5厘米×12.5厘米的空白卡片上编排而成的目录。

缩微目录（Microcat）：是采用照相的方法将文献目录的内容缩小拍摄在缩微胶卷或平片上，利用显微阅读机阅读的目录。

机读目录（MARC）：是以编码的形式和特定的结构将文献目录的内容记录在计算机贮存载体上的目录。

【实例】

代书板

为了减少乱架现象，图书馆实行使用代书板制度。所谓“代书板”，就是放在各阅览室和书库出纳台的塑料板。图书取出架后，在其空位处插入此板，以便图书归架时，不致错位而造成乱架。采用“代书板”将会减少开架借阅中的乱架现象。读者正确使用“代书板”，要注意以下几个操作程序：读者进入图书馆阅览室或者书库时，在出纳台用自己的借书证自觉换取“代书板”；取书时先将“代书板”插入自己所欲翻阅的书、刊位置后再取书并记住板上的编号；归书时对上编号先插书后抽板；读者离开图书馆前到出纳台凭“代书板”换回自己的借书证。

2.3.5 图书捐赠

图书馆接受的各类文献捐赠，一般均为无偿自愿捐赠的图书。图书馆接受赠送图书，是加强图书馆信息资源建设的有效途径之一。赠送的图书中许多都具有较高的收藏和学术价值。赠送图书须秉承“物尽其用”的原则，对赠送图书进行保管和加工上架、编入图书馆读者检索系统，供读者阅览。对于不符合审核标准的赠书，图书馆将以合适的方式进行处置。可用于读者交换，限定每位读者每次可交换的册数，任何工作人员不得随意私挪交换书架图书，必须办理交换手续，做到有序交换，登记签名后方可完成交换。赠送图书登记入藏后，图书馆应以适当方式制作“捐赠榜”公布捐赠人名单，并继续接受社会各界人士捐赠图书。

捐赠图书的类型包括：社会捐赠、馆际捐赠和个人捐赠

在接受社会各界人士无偿赠送图书同时，为保证馆藏质量，赠书一般必须经过图书馆工作人员审核，再接受捐赠。

审核赠送图书标准：

- 馆内尚未收藏，或虽有收藏但复本不足；
- 图书基本完好无损，无污损、无圈划、无缺页等现象；
- 收藏复本不超过五册；
- 具有收藏和研究利用价值的图书。

下列图书不属于赠书范围：

• 已有多册复本；严重破损，书内有注记眉批画线；
• 盗版或违反著作权法规定；
• 内容已失时效性，不具阅读及参考价值；
• 不在馆藏范围的图书；
• 残缺不全的套书，零星、不连续的期刊。

【实例】

温州市图书馆的社会捐赠工作①

温州市图书馆成立于1919年，悠悠90余年的历史，捐赠者众多。目前，无论就数量还是质量而言，该馆的线装古籍藏书在浙江省地市级图书馆（天一阁除外）中均首屈一指。

温州市图书馆捐赠历史上的三次高潮

一是抗日战争后期至解放前夕，时任馆长梅冷生动员温州各地藏书楼主人后裔，化私为公，将藏书捐给图书馆，供众阅读。二是建国之初，在温州土地改革期间，梅冷生亲至境内各县收集行将抄没图书。三是改革开放以来，馆舍硬件的改善及社会对图书馆事业的普遍重视使捐赠又一次出现高潮。以2007年为例，该馆接收社会各界赠书9489册，占年入藏图书的18.5%。

具体做法：

1. 规范捐赠制度，科学管理赠书

《温州市图书馆接受捐赠管理办法》列出该馆希望接受捐赠图书的范围、要求、种类、学科等收藏原则，婉拒不适宜馆藏建设的赠书。明确规定在赠书交接完成后，赠书的所有权归图书馆。图书馆有权对赠书进行适当处理，如对不适宜收藏的赠书进行转赠，对过期赠书进

① 温州市图书馆采编部主任章亦倩提供。

行剔旧等。接受捐赠之后,除了给予捐赠人收藏证书及赠书目录外,还在我馆捐赠网页上予以公布。对于捐赠金额超过一定量的捐赠者,举行适当的捐赠仪式或宣传活动以示感谢。捐赠图书做到及时加工、及时上架。

2. 突出重点,争取学者、名家的私人赠书

近几年,该馆从温州籍学者着手,相继获得了一部分反映温州地区历史、文化的著述作品和特色资料,包括名人手稿、日记、字画等,建立起地方特色的藏书体系,同时在全市营造了广泛关注图书馆建设的良好社会氛围。

3. 把握时机,主动出击

2005年,该馆工作人员得知温州籍旅美学者马大任发起"赠书中国计划",号召全北美华裔学者把私人藏书赠送给国内大学图书馆,便主动与他联系,为该馆争取到了捐赠名额。两年来,通过该计划陆续募得的学者私人藏书、出版社过剩存书近2000册,其中大多是工具书,社科、人文科学类书籍,成为补充外文藏书的重要途径。

4. 通过合作,互惠双赢

举办"温州当代百家著作展"、"温州青年著作展"、"温州人著作征集展"等活动,在向社会展示温州学人的学术风采、宣传捐赠义举的同时,也获得了200多名温州籍作者的各类作品1000多件,填补了馆藏空白。同时,筹建温州人著述数据库,先后向国内各界有成就的温州籍人士寄发了1000多份"数据库信息采集表",其中也包括向温州本土人士寄发。

5. 借名人效应之力,发展捐赠队伍

从1997年开始,陆续建立温州籍知名学者、作家赠书专柜,以捐赠人为单位,对捐赠的书刊资料实行图书、资料一体化管理。

6. 丰富图书馆内涵,吸引企业捐资

先后与温州市鞋革协会与服装商会合作成立了鞋都图书馆与服装图书馆,为企业和个人开展设计开发、产品策划、技术研究以及传递国际最新趋势信息、市场信息、设计理念和查阅各类资料等特色服务。

在获得商会与企业的肯定与认可的同时,捐款也随之到来。通过帮助企业成立图书室,协助建立书目数据库,培训图书管理人员,定期流动部分图书供企业员工借阅,很好地展示了图书馆的专业能力,由此获得企业每年15万元的捐资。

2.3.6 馆藏建设与服务新方法选介

(一)带书办证

"带书办证"是指读者把自己闲置的图书,捐赠给图书馆,充抵办证押金,从而获得借书证。这里,以广东佛山市禅城区图书馆为例,介绍"带书办证"的具体管理办法如下:

(1)读者所缴纳给图书馆的图书,以爱心捐赠的形式,归图书馆所有。图书处理权在图书馆,读者不得提出异议。作为回报,所有捐赠图书的读者,免费发放全市一卡通借书证,并在本馆网站"爱心榜"公布名单,永久保留,同时颁发"热心文化爱心证"。

(2)读者捐赠图书用于冲抵押金。按图书价值50元为一个档次。捐赠图书价值满50元可免费办理借书权限为一本的借书证,价值满100元可免费办理借书权限为两本的借书证,依此类推,可多次捐赠,金额可累计,最高权限为五本图书,超过的部分视为捐赠书。

(3)读者因捐赠图书免费办理的借书证,其使用方法跟普通办证读者相同。

(4)读者所捐赠图书,以大众类读物为主,必须是最近两年出版的无污损、无圈划、无缺页图书。

(5)图书馆工作人员根据读者所带图书相关情况,有权确定是否接受捐赠。

(二)读者图书自主选购与新书阅览室

一些基层图书馆开设了读者图书自主选购与新书阅览室。所谓读者自主选购,就是图书馆与图书供应商合作,由采访人员不定期到书商处选择近期出版新书,经过查重和加装磁条后,在图书馆开设新书展示阅览室供读者借阅的读者自主采购方法。不曾被读者借阅的图书,经有关人员确认无收藏价值后,则退回书商,更换新的图书。

新书自主采购,突破了传统的图书采购方式的局限性,把新书选购工作由图书馆的内部操作转变为读者自主选购,让读者直接参与图书馆的藏书建设。读者确定需要的新书可以借阅、可以出售。如读者确定借阅新书,工作人员通过快捷流通(包括贴条码、盖馆藏章、简单数据录入),即时给予办理外借手续。新书经首次借阅归还后,移交采编部门加工处理。新书只作临时入藏简单处理,采编前即开始流通,改变了传统图书馆流程,消除了图书加工所带来的时差,杜绝了部分图书从来无人问津的状况,有效发挥了经费效益,提高了图书资料的收藏质量和利用率。

1. 读者自主选购的优势:

(1)保障了读者权益

每个读者都有按自己的需求和兴趣自由接触图书馆馆藏文献、选择文献的权利。在图书采购工作中实行读者自主选购,纳税人的钱,由纳税人自己说了算,体现了现代图书馆以人为本的服务理念,保障了读者对图书馆馆藏的参与权和知情权。

(2)提高了经费效益

对于基层图书馆来说,由于经费十分有限,发挥经费效益,尤其重要。读者自主选购图书,有效提高了图书馆购书经费效益,让有限的经费,发挥了更大的作用。读者阅览到的图书价值远远超过了本馆购书经费。2008 年,佛山市禅城区联合图书馆在主馆和一个分馆分别与两家图书供应商合作,开设新书读者自主选购阅览室,共为读者提供价值近 200 万元的新书,超过该馆购书经费总和近两倍。

(3)提高图书收藏质量和利用率

自助采购的图书,是读者自己挑选的,是他们最想看和最喜欢看的书籍,这一点与图书馆采访人员的工作目标是一致的。传统采购方法,新书从选购到最后上架,必然会有时差。借助图书馆读者自主选购阅览室,读者按照自己的阅读兴趣,直接参与新书采访,达到了选书和用书的高度统一。按照图书馆的工作程序,图书采访要经过选书、验收、分类、编目、入库等系列程序后才能上架与读者见面，这些工作是不可能在短时间内完成的，等新书加工完成上架后，其中很多一部分已经变成了旧书。读者自主选购图书阅览室，保证读者所选图书即时外借，提前进入流通，消除了传统采购方式的时差。因此，有效提高了图书收藏质量和馆藏图书的利用率。

2. 自助采购新书阅览室运作

(1)选择有实力书商进行合作

图书馆在与书商合作时，须选择实力雄厚、信誉好的书商合作，最好是拥有较大卖场的书商。相对而言大型书城在品种、书源上有优势，而民营书商在服务上(如书目数据加工等方面)较周到，图书馆可根据自身情况进行选择，也可轮流同几个书商进行合作。

(2)确定新书的范围

新书的范围确定，包括两个方面，一是图书出版时间，二是内容。这两个范围工作人员在新书采购过程中就必须确定。因为实际入藏和新书陈列允许有数量上的差别，属于初选。读者图书自主选购是在馆内进行，一般不可能超出这个范围。但仍要求采购人员一定要根据本馆的服务方向和采访方针以及读者量等实际情况，合理控制各类图书的比例，既要照顾读者的阅读倾向，又要保证图书馆藏书体系的系统性，既注重读者需求也注重图书品质，确保建立科学、合理的馆藏体系。对于本馆重点收藏范围的图书，即使没有读者借阅，采访人员也应该在退回书商之前挑选出来，交给编目人员加工入藏。专业图书由于出版和收集渠道的多样性，则通过其他渠道采购，主要请读者现场采购和其他渠道购买。

(3)确定新书更换频率

读者自主采购新书阅览室的新书更换频率较高。工作人员通过书目或通过书商提供的新书清单及时了解图书出版情况，经查重后筛选一定量新书进入新书阅览室。查重主要依据新书阅览室总的图书清单和馆藏图书目录进行。新书的更换频率不必固定周期，要根据本馆的经费情况、新书上市量、读者借阅量等各种情况综合考虑，但退还给供应商的图书是有时间规定的。一般来说,如果不需要的图书,三个月内必须退还给书商,以免造成滞销。

(4)复本量的控制

复本量必须根据采访方针确定,不能随意增减。复本量也是工作人员在书商处初选图书时确定的,因此读者自主选购的新书不可能超过阅览室所陈列的复本量。在一定时期,社会热点必然会造成某类或某本图书热销,图书馆不可能无限满足读者的这种需求。但可根据读者的特别需要,临时增加部分图书的复本。对于成套且内容连贯的图书,如果读者已外借其中的一本,该套图书的其余分册则由外借部门直接送采编部门编目加工,之后陈列于新书阅览室供读者外借。

(5)新书借阅量的控制

购书经费额度决定了新书的购买量。这就需要根据借阅新书的实际情况,及时进行统计,定期做好新进图书和经费使用情况等统计工作,以确定新书借出量。控制读者借出量的有效办法是规定每位读者一定时间内(年/季度/月)最多可借阅新书的数量,并根据运作情况,对其进行调整。

(6)与其他图书采购方法相结合

开设新书展示阅览室只是图书采购的方法之一,是传统图书采购的有效补充。所以在开设新书展示阅览室的同时,还需要采用书目预订、现货购书等方式来补充馆藏。同时新书展示阅览室只能满足部分读者对图书的借阅需求,而且不适用于期刊、报纸、信息、专业图书等的采购。

2.3.7 报刊建设

报刊是一种重要的信息源,在图书馆众多类型的文献中最为活跃,是图书馆开展参考咨询、信息检索以及课题查新等活动的主要信息来源和工作对象,其资源利用率也最高。

一直以来,大多数报刊采访人员都只是在每一年的年末,报刊统一征订的时候拿着几本邮发目录及相关目录,再对照本单位往年的订购刊目，进行简单的删减或增加，对报刊的日常借阅统计情况了解的非常粗糙，对读者新知识、新技能的渴望更是知之甚少，根本无法满足读者对于信息资源日益增长的多方面、多层次需求，同时又是造成当前图书馆报刊资料服务部门逐渐冷落的一个重要原因。

为了适应当前发展了的岗位要求，图书馆的报刊采访人员在努力提高自身素质的同时，要紧跟形势，自觉深入到读者服务第一线，深入细致地了解并掌握每一种订购到馆的报刊的利用率以及读者的实际需求情况，在参考各种权威报刊及核心期刊目录的同时，结合本馆服务对象的需求及收藏特色等，制定出周密而详尽的报刊采购计划。

（一）报刊的选定及采购①

图书馆在具体选定时，一方面，需要结合本馆馆藏建设情况，读者的意见和建议等，从图书馆核心期刊目录中，或从已入藏的报刊实物中进行选定；另一方面，需要了解报刊业出版市场变化，从报刊业市场宣传资料、各种征订目录、刊名内涵中寻求信息，或者去当地邮局翻阅期刊实物，了解期刊多方面的出版变化，从而为图书馆续订、停订、增订报刊提供有力的决策参考，帮助期刊采购人员正确选定每一种刊物。

目前，与邮局征订部门的合作，是图书馆报刊订购的主要渠道。从当地邮局订购报刊拥有许多优势。首先，邮局有成熟征订体系、庞大配送网络。其次，邮局提供简单的征订目录，财务处理规范，派送出错率低。

与信誉度高、有优良物流运作条件的期刊公司合作，是搞好非邮发期刊、内部资料订购工作的重要途径。大量期刊公司的出现，非邮发联合征订工作的广泛开展，开拓了期刊订购工作的新局面，解决了图书馆零星订阅的繁杂手续，保证了非邮发期刊、内部资料的馆内收藏，给图书馆期刊订购提供了新的选择订购途径。这些期刊公司吸收国外先进服务运作经验，办事效率高，服务承诺好，在实际运作中偏差

① 夏沈陵．我国报刊业市场变化中的图书馆期刊采购．合肥学院学报，2004，21(4)

也很小。此外,还提供图书馆期刊编目数据,解决了图书馆工作人员的分编负担。现在正逐渐被图书馆认识、接受,并成为大单订购、长期合作的伙伴。另外,各期刊公司为提高竞争能力,目前也开展了部分自发刊、邮发订购刊的代发行工作。征订期刊的范围在迅速扩大,减少了工作人员多头订购、查重、财务处理等麻烦,提高了采访人员的工作效率,很受欢迎。

面对当前电子期刊成品数据库的品种及数量不断增加的情况,报刊采访人员还需要对本馆的电子信息服务范畴做到心中有数,要经常性地与馆内电子信息采集部门就印刷型报刊与电子报刊的采购情况及资金分配情况进行沟通和协调,避免重复订购,造成不必要的浪费,从而使得各种资源都能够得以充分利用。

(二)网上电子报纸①

网络型报纸与传统报纸相比较,其突出的优点就是信息的获取、传播与更新的速度更快捷;同时具有计算机检索与超文本功能;由于减少了印刷、装订等系列环节,出版的成本也降低了。

从目前国内报纸网页制作情况来看,根据其不同的制作背景,各类型网页也体现出不同的特色。

1. 报业集团制作的网页。制作这类网页主要是各大报业集团在网上开拓新空间的一种手段,因而起点一般都较高,网页具有独立的域名,内容丰富,界面友好。除了可以检索到集团属下各报刊最新一期的内容及历史资料(一般在三年内)以外,网站还链接了其他与之相关的或较受读者欢迎的一些站点,方便使用者直接进行链接。

2. 地方性和专业性报纸网页。目前国内设有独立域名的 150 多个报纸网页中,大部分都是地方性或专业性报纸的网页。这类报纸受发行规模和经济效益等因素制约,网页制作较注重内容实质,其特点是网页的界面十分简洁,多以文本制作为主,插图较少,因而大大减少了传输与下载的时间,加快了检索速度。而缺点则是缺乏与相关站点

① 麦敏华.国内网上电子报刊对图书馆工作的影响.图书馆论坛,2000(4)

的链接。

3. 网上新闻中心。印刷型报纸的网络版主要是把传统报纸的内容转载到网上，实质是传统报纸的“拷贝”，目前，此类网页正受到网上新闻中心的强劲挑战。网上新闻中心是互联网内容供应商与传统报纸互相合作的产物。以新浪网为例，其新闻中心的操作形式就是与国内众多媒体合作，将最新的新闻摘录后，经过整理再分类刊登，并署上转载媒体的名称。这种形式发布的新闻内容更加丰富，报导更加全面、客观、深入和具有连续性，因而深受广大读者的欢迎。

（三）网上电子期刊

网上电子期刊是以网络为媒介，通过电子邮件或文件传输的方式，将文本及时送到订户的个人电脑中的一种电子期刊。相对于印刷型期刊而言，网上电子期刊节省了流通环节耗费的大量时间，制作成本也得到了相应的降低；同时，读者也得到了更多的选择余地：既可以在网上读到期刊免费刊登的部分内容，又可以从网上轻松地订购所需期刊，还可以通过电子邮件与期刊的制作单位进行沟通，及时表达自己的阅读意愿。

（四）报刊的管理

报刊以其出版周期短、内容新颖、反映最新社会动态、传递最新科学成果等优点，而受到广大读者的重视和喜爱。在实际工作中，应从以下几方面加强对其的管理：

• 利用情况调查。报刊的利用率，一向被看做是衡量一个图书馆服务质量和水平的重要指标之一。调查可针对读者基本构成情况、读者的阅读利用情况、馆藏报刊满足情况和读者对馆藏资源建设的意见和建议等方面开展，并以此为依据进行下一年度的报刊订购工作。

• 日常建设与维护。对时效性极强的报刊而言，快速、有效的加工、管理是必不可少的。每期报刊都应进行记到，对未能及时到馆的要迅速向邮局反映催到，避免其信息失效；报刊的上架工作应放在其他工作的前面，减少因图书馆自身工作原因对其时效性的影响。

• 报刊信息的二次加工。通过剪报、建立特色专题刊架等活动，可使报刊登载的有用信息得到更好的开发利用,建立图书馆良好的公众形象。剪报服务是图书馆对报纸信息经过选择、组织和加工处理后,再提供给用户使用的一种信息服务方式。传统的剪报工作通常采取两种方式,一是直接把所需资料剪下来,再进行粘贴、复印;二是由录入员把信息输入电脑,进行编辑排版后再打印交付使用。前者的缺点是报纸损毁后无法再利用,要专门订购一批报纸供剪贴之用,增加了采购成本。后者的缺点是中间的加工环节既浪费了人力,提高了成本,又影响了信息传播的速度。随着电子报刊数量的不断增加,目前,国内许多主要报刊的内容都能在网上查阅到,在剪报工作中大量运用来自网上报刊的信息已成为可能。如此一来,图书馆员将从繁琐的剪报和录入工作中解放出来,只需在网上轻松地将所选资料存储到文本文件中,再经过简单的编辑即可提供使用,大大缩短了信息传播的时间、节省了人力资源,同时还提高了剪报工作的效率与剪报的质量。配合重大节日以及当前社会的热点等,适时开展特色主题刊架活动。如春节期间可将一部分营养美食方面的期刊集中在一起,将它们摆放在专架上,以便读者在节日期间参考利用;寒暑假期间,可为学生设立课外阅读专架;"五一"劳动节推出文艺作品专架、"十一"国庆设立时尚休闲杂志专架、"三八"妇女节展出现代女性风采专题刊架等。通过一系列展架的推出必将吸引读者到馆阅读和利用,从而有效提高报刊资源利用率。

• 强化宣传导读工作,是提高馆藏报刊利用率的一个重要途径。在报刊管理工作中,重视和加强报刊宣传辅导工作,提高馆藏报刊利用率。对新增订报刊、重点学术期刊、热门报纸及畅销期刊通过宣传板形式或在图书馆网页上定期或不定期向读者宣传展示出去,进而广为读者利用。另外还可通过编写推荐报刊目录、组织读书活动以及请专家学者写评论等多种形式,对读者的阅读活动加以疏导,使读者的阅读活动更趋于科学化、理性化。

3　数字图书馆与数据库建设实务

3.1　数字图书馆

21世纪是传统图书馆与数字图书馆并存互补的时代，伴随着计算机技术、通信技术和网络技术的迅猛发展，数字图书馆将朝着更便捷、更廉价和更适合读者需求的信息服务方向发展，从而深受读者的欢迎。它赋予图书馆时代气息，也为图书馆带来新的机遇和挑战。数字图书馆实现了图书馆馆藏信息的数字化、检索手段自动化和文献传递网络化，是21世纪信息时代的新型图书馆。

数字图书馆（Digital Library）是用数字技术处理和存储各种文献信息的图书馆，实质上是一种多媒体制作的分布式信息系统。它把各种不同载体、不同地理位置的信息资源用数字技术存贮，以便于跨越区域、面向对象的网络查询和传播。它涉及信息资源加工、存储、检索、传输和利用的全过程。

数字图书馆的功能是收集或创建数字化馆藏，把各种文献替换成计算机能识别的二进制系列图像，在安全保护、访问许可和记账服务等完善的权限处理之下，经授权的信息利用因特网的发布技术，实现全球共享。

“数字图书馆”从概念上讲可以理解为两个范畴：数字化图书馆和数字图书馆系统。它涉及两个工作内容：一是将纸质图书转化为电子版的数字图书；二是电子版图书的存储、交换、流通。数字图书馆虽然称之为“馆”，但并不是图书馆实体。它对应于各种公共信息管理与传播的现实社会活动，表现为各种新型信息资源组织和信息传播服务。它借鉴图书馆的资源组织模式、借助计算机网络通讯等高新技术，以存取人类知识为目标,创造性地运用知识分类和精准的检索手段,有效地进行信息整序,使人们获取信息不受空间限制,很大程度上也不受时间限制。其服务是以知识概念引导的方式,将文字、图像、声音等数字化信息,通过互联网传输,从而做到信息资源共享。

通俗地说,数字图书馆就是虚拟的、没有围墙的图书馆,是基于网络环境下共建共享的可扩展的知识网络系统,是超大规模的、分布式的、便于使用的、没有时空限制的、可以实现跨库无缝链接与智能检索的知识中心。数字图书馆既是完整的知识定位系统,又是依托于互联网发展的信息管理模式,可以广泛地应用于社会文化、终身教育、大众媒介、商业咨询、电子政务等一切社会组织的公众信息传播。

数字图书馆有三个基本要素:①

数字化资源:数字资源建设是数字图书馆建设的核心。大量的数字化资源是图书馆的"物质"基础。数字图书馆的目的是直接提供读者所需的最终信息,而不是文献目录和索引。

网络化存取:高速的数字通信网络是数字图书馆的存在基础。数字图书馆依附于网络而存在,其对内的业务组织和对外的服务都是以网络为载体,得益于网络也受制于网络。

分布式管理:分布式管理是数字化图书馆发展的高级阶段,它意味着全球数字图书馆遵循统一的访问协议,全球数字图书馆将像现在的 Internet 连接网站一样,把全球的数字化资源联为一体,联成一个巨大的图书馆。

目前,数字信息资源服务大体存在两种经营模式,即国家或部门投入的公益性经营模式和产业化经营模式(又称企业化经营模式)。公益性模式的主体主要包括由政府出资兴办的各级各类图书馆、档案馆、信息中心等,面向特定用户群体实行公益性信息服务。它通过建设站点作为数字信息资源利用和整合的数字化平台,依托网络向社会提供一般性信息浏览服务,并利用用户认证等手段,面向持有使用权

---

① 金浒. 数字图书馆及其文献资源建设. http://www.zdxy.cn/news/38/2005928161821.htm

的用户群体提供信息检索、传递和下载等深层次信息服务。公益性经营模式强调信息服务的社会效益和经济效益,充分运用多种先进技术进行信息资源的集成开发利用,充分利用图书馆联盟、联合目录编制、合作参考咨询服务、馆际互借、电子文献传递等方式提高和扩大数字资源的共享和利用效益。

产业化经营模式的主体包括数据库生产商、信息内容服务商和出版商,其投资主体主要是专业机构或企业。产业化经营模式强调市场机制的导向作用,其业务经营可划分两大块:一方面以团购方式面向群体用户提供数字化信息资源的网络使用权,另一方面为个人用户提供方便灵活的通过电子商务实现的终端服务。

【实例1】

欧洲数字图书馆

2005年4月27日,由法国国家图书馆牵头,欧洲19所国家图书馆负责人在巴黎发表联合共建欧洲数字图书馆的声明。同年,这一项目正式设立,并由欧盟负责协调和承担初期的资金投入。2008年11月20日,欧洲数字图书馆在比利时首都布鲁塞尔正式开馆。网站开通后的几小时之内,访问量就迅速超过了每小时1000万人次。欧洲数字图书馆是欧盟大力推广的重要文化项目之一。这个大型网站被命名“Europeana”,目前拥有大约300万件数字藏品,包括书籍、音乐、电影、报纸、相片、博物馆藏品等等。这些内容大多来自欧洲各国的一流博物馆、图书馆、档案馆和音像资料馆,其中包括法国卢浮宫、荷兰阿姆斯特丹皇家博物馆等等。项目的核心团队由荷兰国家图书馆的员工组成,有90个机构参与。巴黎卢浮宫对其收藏的油画等文化藏品进行了数字化处理,并将相关数字化资料贡献给Europeana。法国国立广播电视档案馆也将其20世纪近8万份作品提供给了这个网站。网站目前可以提供英语、德语、法语等 20 多种语言的服务。网站内容没有版权，所有个人或者机构可以直接在 Europeana 网站上免费使用这些文化财富。比如，如果人们想要欣赏达·芬奇的名画“蒙娜丽莎”，只需要在网站上输“达·芬奇”，就可以仔细欣赏他的包括“蒙娜丽莎”在内的多幅画作。欧盟计划加大投入，在 2010 年前将 1000 万件文化资源放入 Europeana 里面；届时，Europeana 还将提供所有欧盟成员国语言的版本。

【实例 2】

世界数字图书馆

(The World Digital Library)网站于 2009 年 4 月 21 日在联合国教科文组织(UNESCO)总部所在地巴黎正式启用，提供全球读者免费使用珍贵的图书、地图、手抄本、影片与照片等服务。世界数字图书馆馆藏包罗万象，从图书到档案都有，使用者可利用 7 种语言，包含阿拉伯文、中文、英文、法文、葡萄牙文、俄文与西班牙文搜寻，其他的语言工具也适用。世界数字图书馆由教科文组织及 32 个合作的公共团体共同成立，而由全球规模最大的图书馆“美国国会图书馆”主导开发。参与这项计划的馆藏与技术合作的国家，从巴西到英国、中国、埃及、法国、日本、俄罗斯、沙特阿拉伯及美国等国的图书馆及文化机构都有，他们将无价的文化素材数字化，让读者在网络上即可取得。世界数字图书馆(www.worlddigitallibrary.org)构想，最初是由美国国会图书馆馆长毕灵顿(James Billing ton)首创。

3.2 网络信息资源建设

3.2.1 网络信息资源建设原则[①]

基层图书馆网络信息资源建设,相对于较大型图书馆而言,有它的特殊性,不必贪大、求全,针对需求,直接开发。在建设过程中,必须遵循如下原则:

1. 针对性原则

针对性原则是基层图书馆信息资源建设的最基本原则。它基于图书馆规模和水平、馆藏特色、读者需求、经济投入及馆藏基础等具体情况,有针对性地收集、开发和利用各种有价值的文献信息资源。

2. 标准化原则

在网络环境下,现代图书馆不再是单个孤立体,而是整个信息网络中的一个节点。各节点间共享的实现建立在信息资源建设的统一标准和规范的基础之上。

3. 特色化原则

特色化是图书馆信息资源配置重要因素之一。应立足自身学科优势,充分利用传统馆藏优势,大力开发网上信息资源,建设本馆实体和虚拟馆藏特色数据库,实现馆际、网上信息资源优势互补与资源共享。

4. 系统性原则

在网络环境下,更好地掌握和发挥印刷型文献、电子文献和网络信息资源优势,使其优势互补、协调发展,形成连续、系统、完整、统一的馆藏体系,为用户提供更全面、系统的服务。

5. 分工合作、资源共享原则

各馆参加地区、系统和全国性的文献保障体系建设,分工承担文

---

① 朱华琴. 图书馆信息资源建设与服务链状循环模式的构建. 图书馆论坛,2007(4)

献信息资源的收藏,减少大量的重复采购现象,特别是对花费较大的信息资源采购必须遵守该原则。合作与共享,要求统一标准,采用统一或兼容的技术标准和格式,建立多种链接等方式,实现资源互补与共享,发挥图书馆信息资源整体优势。

6. 服务性原则

信息资源建设的最终目的是为了利用,只有被利用并创造出经济效益和社会效益,才能真正实现馆藏的价值。网络环境服务对象迅速扩张,信息资源建设要从用户的角度来考虑问题,多方位分析用户的信息需求和信息行为,不断创新服务方式。

3.2.2 数字信息资源的评估①

评估数字化信息资源建设包括数字资源结构、数据库建设、网络信息资源建设、信息资源利用效果四个方面。其中馆藏数字资源结构的合理性主要体现在载体类型、不同学科与不同存取方式的信息资源能否在数量、质量和使用方式上相互补充,合理分配,又能最大限度地满足读者需求,以较少的投资求得馆藏整体效用的最大发挥。数据库建设包括数据库数量、数据库开发的方式;网络信息资源建设包括网络信息资源的采集、网络信息资源的加工;信息资源利用效果包括信息资源利用率、信息需求满足率、服务质量。

1. 电子文献评估指标

电子文献按照其内容属性大体可分为:检索工具型电子文献、参考型电子文献、全文电子文献、多媒体电子文献。由于电子文献在载体(数据类型)、服务模式等方面存在多样性,并且在信息资源保障体系中的作用不同,所以在评估时应从信息类型、信息量、包含的时限范围、学科收录范围、存取方式、利用条件、数据更新与滞后情况、系统易用性等方面,采用定量评估、定性评估和经验评估相结合的方法,对不同类型、不同特性的电子资源的信息资源保障能力和对印刷型文献的

---

① 刘东红. 信息资源评估指标的体系结构. 图书与情报,2003(6)

替代程度，进行全方位的评估。比较可行的方法是将电子文献的保障能力附加到上述印刷型文献保障能力指标体系中，形成综合的评价。可比性和可计量性是对电子文献评估的关键。

电子文献评估的指标体系，可从电子文献的版本和数据库类型两方面测算。基本方法是，将检索型和全文型数据库根据不同的更新周期、网络用户数，折算成数据库涵盖文献种数的百分比；事实型文献则根据图书馆能同时供多少用户使用，折算成该馆拥有该文献的套数。具体系数权重可根据自己的具体情况而定。

2. 虚拟资源评估指标

对虚拟信息资源进行评估比对馆藏文献进行评估更为复杂，因为它没有可计量的实体单位。科学地制定评估标准，不仅需要科学地确定评估要素，还要进行大量的调查、分析和测算。

图书馆远程连接数据库的数量和种类，应根据数据库的类型、数据库覆盖的学科面、覆盖的文献种类和数量、更新周期、回溯的时限等评价其在信息资源保障体系中的地位。

利用网络信息资源的设备配备及布局。这是衡量图书馆向读者提供虚拟信息资源服务能力的要素。可根据网络终端数量与用户人数的比例等条件进行评估。

允许上网查询专业数据库的人员范围。这是衡量图书馆提供虚拟信息资源服务的要素。应分别根据向各类读者提供服务的不同范围，评估其利用虚拟信息资源的有效性，判断虚拟信息资源在总体信息源保障体系中的比重。

上网查询收费标准。这是衡量虚拟信息资源被利用可能性的要素。应分别根据不同层次、不同类型的读者，提供不同基数的免费时限、付费标准等，来评价虚拟信息资源的利用率，确定网络开通的时间。这是衡量虚拟信息资源服务便利性的要素。网络开通的时间越长，虚拟信息资源越能得到有效的利用，其保障能力就越大，可以分为 8 小时开通、12 小时开通、24 小时开通 3 个时段，制定出相应的评估标准。

网络的带宽和速率。该要素的测定比较复杂,较为简单可行的方法是通过联网线路的类型,即 ADSL 联网和光缆联网类型不同来评估虚拟信息资源的利用效率。

3.2.3 馆藏资源数字化知识产权问题

知识产权是从法律上确认和保护人们在科学、文化、技术、艺术等领域中从事智力活动而创造的精神财富以及智力成果依法享有权利的总称。

图书馆是公众获取知识信息的重要渠道,既是知识信息的汇集地和组织管理者,又是知识信息的生产者、使用者,更是重要的传播者。相对于传统图书馆,数字图书馆的知识产权信息采集、使用和传播以及用户群的可控范围都发生了本质的变化。由于数字图书馆具有信息采集在线、传播手段网络化,使得馆藏在信息采集、生产和传播等范围出现了受众有无限外延的趋势,进而使数字图书馆的侵权风险大大增加。

数字图书馆面临的知识产权侵权风险主要有以下几个方面:

信息资源采集过程中的侵权风险:数字图书馆的核心是各种特色数据库,而数据库建设中最重要的是信息采集。目前我国数字图书馆建设中的信息采集主体来源于丧失版权或版权问题已经得到解决的图书,采集对象一般是唐诗宋词、古籍文献、书目数据库、电子报刊等。但是若没有新的高质量的作品或高技术含量作品加入,将使数字图书馆丧失发展前景和意义。因此,信息资源采集需要不断吸收加入新的高质量的作品,同时还应辅之以网上资源和电子出版物的采集。而这种未经作者许可的采集与加工必将涉及众多拥有版权的、以多种载体形式发表的作品,很有可能引起知识产权问题。

文献数字化处理过程中可能存在的侵权行为:文献资源数字化是信息调整、传输和存储的基础,是图书馆实现数字化的必然选择。文献信息的数字化处理,实质上是信息载体形态的转换,普遍认定是一种复制行为。复制权是著作权的内容之一,受著作权法的保护,未经权利人许可而复制其作品构成侵权。信息资源数字化的最终目的是将数字化后的信息通过网络进行传播、扩散,更广泛便捷地为公众所利用,这在方便信息传播和利用的同时,使相关的知识产权保护主体、客体以及权力使用方式变得复杂多样,也使得知识产权保护和信息传播利用之间的矛盾更加尖锐。

信息传播过程中存在的侵权风险:以任何方式合法获取的著作权作品,其传播范围和使用对象都受到一定的制约。数字图书馆在著作权作品的传播过程中,尽管采取了种种限制措施,但实际上仍难于真实有效地控制其信息的传播空间和使用群体,这既有技术层面的问题,也有人为的因素,馆际互借和联机检索服务诱发的侵权行为就是其具体表现。由于互联网的开放性和无限延展性,事实上,以网络传播信息,极易造成传播者对著作权作品传播范围和使用对象的失控,进而引发侵权纠纷。①

数字信息通过互联网传播诱发的著作权作品失控问题,给数字图书馆带来越来越多的知识产权问题。在很大程度上,知识产权保护问题已成为数字图书馆发展的制约因素。

应对知识产权问题的措施主要有:②

1. 要有知识产权保护意识,在研究对策的基础上开展建设

既要建设好资源数据库,又要保护好相关资源的知识产权。在不触犯相关知识产权保护法律、法规的前提下,应该充分研究相关知识产权保护法律、法规的内容,在研究对策的基础上开展资源数据库建设。

按照《民法通则》的规定,版权属于一种民事权利,是知识产权的重要组成部分。在《与贸易有关的知识产权协定》的前言中,明确规定"知识产权是私权",因此版权作为知识产权的一种,在理论上当然也被确认为是一种私权,具有民法上财产权的性质,是应该受到特别保

① 安月英. 数字信息资源的产权保护与共享. 情报杂志,2008(4)

② 覃燕梅. 高校图书馆视音频资源数据库的建设及其知识产权问题. 图书馆学刊,2008(2)

护的权利。

《中华人民共和国著作权法》第一条"为保护文学、艺术和科学作品作者的著作权，以及与著作权有关的权益，鼓励有益于社会主义精神文明、物质文明建设的作品的创作和传播，促进社会主义文化和科学事业的发展与繁荣，根据宪法制定本法。"

"信息是为所有人的，无论何种形式的信息均应被公共获取，版权不应当成为信息与思想获取的障碍。"我国《著作权法》虽然把保护版权作为其主要目的，但其终极目标是"为了鼓励有益于社会主义精神文明、物质文明建设的作品的创作和传播，促进社会主义文化和科学事业的发展与繁荣。"而信息资源共享可以说是实现这个终极目标的手段和途径。

2. 技术实现和保障

要想使资源数据库的建设处在"安全"范围中，还要从技术上实现和保障。如：避免资源数据库的资源在 Internet 上可任意下载、获取和传播，要仅限于局域网中提供和使用或需要相关身份验证才能提供和使用等，这些都需要运用相关的技术和设备来实现和保障。

3. 规范资源数据库建设的标准、原则和方向

资源数据库的建设应具有怎样的标准、原则和方向，才能既拥有丰富多彩的项目和内容，又不至于付出巨大的资金、人力、物力的投入，还能保证不触及相关知识产权保护法律、法规？这需要图书馆在建设过程中有一个不断探索、研究和总结经验的过程。

【实例】

襄樊市图书馆合理解决知识产权问题

特色数据库的数据来源一是本馆馆藏文献的数字化，二是网络信息的馆藏化，三是将本馆购买数据库的部分数据资料收为馆藏文献。这几种方式的加工对象有很多受著作权保护，在将其收入数据库时很容易涉及知识产权问题，目前

版权保护已成为制约数据库建设的突出问题。世界知识产权组织两个新条约 WCT 与 WPPT 的通过及其内容在各国国内法律中的本地化,使数字版权在整体上呈扩张趋势。我国 2001 年 10 月 27 日颁布的新修改的著作权法应网络环境的需要,修改了权利限制条款,信息网络传输权成为著作权一项独立的权利;同时确立了著作权集体管理机构解决统一授权的法律地位,这为特色数据库建设中知识产权问题的解决提供了法律依据。图书馆在特色数据库建设中应特别注意版权保护的标准、数据的合理使用和各方利益的平衡等问题。清晰的版权是数据库建设的先决条件,也是辨别源库质量的试金石。襄樊市图书馆数据库所收录的文献均依法取得了期刊编辑部等出版单位及文献作者的授权,而出版单位又分别采用了与作者签约、要约、公告明示等方式取得作者同意,严格遵守《信息网络传播权保护条例》。图书馆解决版权问题,与每一位作者直接签约授权是必经之路,没有任何捷径,尊重知识、尊重版权是数字图书馆解决版权问题的关键。襄樊市图书馆的具体做法一是向作者赠送 10 年期读书卡,二是主要采用浏览和借阅为主,限制打印、传播和永久下载。

3.2.4 书目信息网络建设①

馆藏书目信息网络化,又称为书目数据库。其作用首先是联机合作编目,参加合作的成员馆不但可以从联合目录数据库实时套录和复制记录,而且可以访问外部数据源库,完成数据下载。对需要原始编目的记录,在联机编目过程中会得到联机标准、规则等方面的技术咨询和规范控制,以建立高质量、时效性强的联合目录。成员馆同时也

① 罗健雄. 图书馆文献目录类型与特点概析. 四川图书馆学报,1992(5)

可以通过批量处理上传方式向联合目录数据库送交回溯转换数据。其次是提供网络公共查询,包括联合目录数据库、成员馆馆藏目录数据库和其他共享数据的查询。即用户可以通过 Web 浏览器或客户软件查询联合目录,并根据目录提供的馆藏地址,连接相关图书馆的馆藏目录数据库。用户还可以同时选择多个图书馆的馆藏目录数据库,进行广泛检索,做到一次性输入检索要求,一次性显示检索结果,查询感兴趣的书目记录或请求馆际互借。

书目数据库建设通常有三种方法:一是自建;二是购买标准书目数据套录;三是套录和自建相结合。有标准书目的购买套录,没有标准书目的自建。[①]

标准化是书目数据库建设的核心。没有标准化,资源共享就失去了保障。我国为数不少的基层图书馆在实际操作上表现出很大的随意性,如在进行书目数据建设时,没有从资源共享与读者利用角度考虑,而更多的是只求快速见效,以致书目数据的著录项目极其简单,不考虑主题标引,不考虑建立规范数据库,甚至不遵循 MARC 格式,它必将给以后的发展带来很大麻烦。随着社会网络化与资源保障系统建设步伐的加快,加强文献信息加工的标准化工作已刻不容缓。图书馆在建立标准化目录数据库过程中应当做到:①在对新书著录时,必须严格遵守《中国文献编目规则》及《中国机读目录格式使用手册》;②要以同样的标准做好旧书的回溯建库工作;③开发统一的标准软件,以供一定范围内的图书馆使用;④对于非书出版物,如电子出版物的著录应参照非书资料的著录标准进行,国内一般按《中国文献编目规则》及 1985 年颁布的《非书资料著录规则》进行编目著录;⑤以《中国图书馆分类法》和《中国分类主题词表》为标引工具。同时在数据库中,建立规范数据库,避免造成检索的不准确。

在网络文献信息资源建设的过程中,只有严格遵循标准化原则,

---

① 论网络化图书馆的信息资源建设. http://www.027peixun.com/news_show.asp?news_id=10292

才能实现联机编目、跨库检索、资源共享。[①]

3.2.5 特色数据库建设

图书馆的数字化建设可以分为两个部分:一是数字资源的引进,另一部分是自建数字资源。自建数字资源又可分为书目数据资源建设和特色数据库的建设。对各个图书馆而言,特色数据库的建设是一项永远也完不成的工作,它将伴随着图书馆的存在而永远存在。

特色数据库的建设是基层图书馆立足之本。综观国际国内各家商业数据库的发展历程,无一不是始于对某种特色数据库的建设。

特色数据库的建设是数字化条件下特色馆藏建设的延续。每一个图书馆都有自己特定的区域,特定的读者服务对象和收藏范围。不同区域所产生的史料以及反映地方经济、文化发展的出版物等都是特色馆藏。图书馆要想在数字化、网络化市场上占有一席之地,必须依靠自己的特色数据库建设。

特色数据库建设要点:[②]

1. 选择适合自己的建库软件

特色数据库的建设必须依赖一定的软件平台。对于大多数图书馆来说,软件平台需要购买。这种软件一旦选定就不能轻易更改,也不可能轻易更改。因此建库软件的选择非常重要。选择软件必须考虑以下几点:第一,所建库的内容需要什么软件支持,学科属性不同,所涉及的建库内容有很大差异。第二,读者对所使用软件的界面及检索方法的熟悉程度。如果所建的数据库或馆内所购主要数据库与读者要经常使用到的数据的风格基本一致,就更容易为读者所接受,也能提高自己数据库的利用率。第三,与本地区、本单位建立交换关系或与共享单位的软件保持一致,这样给数据交换、下载、利用都会带来很多方便。选择的建库软件平台不一,必然出现各个单位所建设的网

---

① 曹志方. 试论当前高校图书馆网络文献信息资源建设应遵循的基本原则. 内蒙古科技与经济,2005(24)

② 肖大成. 图书馆特色数据库建设中存在的问题与对策研究. 现代情报,2004(1)

络信息资源数据结构不兼容、用户检索界面、检索语言等方面的差异。这些都直接影响了数据库的质量和查询服务效果，给数据交换也带来阻碍。

2. 项目选择必须有唯一性

特色数据库建设对内容的选择是不可避免的。数字化生产高成本和图书馆经费有限性之间必然存在矛盾。一些图书馆为了扩大自建数据库规模，或者说受传统图书馆对文献资源收藏的“大而全”、“小而全”的思想影响，总希望把自己所能想到的学科专业都建成特色数据库，这是不现实的。图书馆建设特色数据库时必须以自己服务的学科范围、馆藏特色、区域特点作为特色数据库选题依据，最好能使自己的特色数据库是唯一的。

3. 加强多方的合作

特色数据库建设的合作是多方面的：一是图书馆与图书馆之间注重协调协作。一定区域内各馆在自建专题数据库选题时，应该有所分工合作，互通有无，在选题上避免重复。由一个中心馆牵头，加强组织协调，避免重复建库，大家受益。二是图书馆与相关部门，特别是政府相关职能部门要加强合作。特色数据库建设，还应得到政府支持，进行科研立项，获得政府投入。目前一些科研项目及科研单位、个人都有建设自己特色数据库的要求，它们有经费，但没有这个精力，图书馆可与之合作，获取一定的经费支持。

4. 立足于对原始资料的收集整理

原始资料的数字化应该是特色数据库的主要资料来源之一。其次是对网上资料的收集整理，一般来说，特色数据库的建设不应取材于商业数据库的数据资料。由于受知识产权的保护，过多导入商业数据库的内容，自己所建特色数据库在利用、交换和共享方面都将受到很大限制，同时也降低了特色数据库的质量。

5. 开展个性化的特色数据库建设

个性化特色数据库建设是图书馆开展个性化信息服务的基础。个性化特色数据库建设就是针对一些具有特色需要的专家、学者开展专门的特色数据库建设，如将其个人作品、成果建库，或针对他们所研究的方向建设特色数据库。个性化特色数据库的建设一方面可以丰富图书馆的数字资源，另一方面可以提升图书馆信息服务的质量和水平。①

6. 其他需要考虑的因素

• 数字化转化技术。纸质文献全文手工录入方式成本高，建库速度慢，单凭图书馆自己的力量制作资源，难以形成规模。

• 元数据标引格式要符合国家和国际标准通用规则，准确、完整地进行文献著录。

• 数据加工、存储和管理时要考虑成本、传输速率等因素。

其他需要考虑的因素还有人才配备、知识产权、共建共享、经费等。

【实例1】

广东省佛山市禅城区图书馆产品数据库的研发

禅城区图书馆从上世纪九十年代开始，针对当地产业特色，开发了一系列产品数据库，如陶瓷产品数据库、童装数据库、金属数据库等。其中，陶瓷产品数据库为国家部级研究课题，于1996年立项，1998年通过了文化部组织的全国专家鉴定。在此，简单介绍在产品数据库开发方面的一些经验与做法。

一、产品数据库的优势

基层图书馆数据库建设在选题过程中，不能把眼光只盯在馆藏上，而应该深入到社会去寻找信息源。把一定主题的社会动态信息源与馆藏资料相结合，通过计算机网络向社会提供数据库服务，是最有生命力，最受欢迎，也是最有效益的

① 肖大成. 图书馆特色数据库建设中存在的问题与对策研究. 现代情报，2004(1)

一种服务形式。把有地方特色的产品作为一种信息加以开发，对企业和用户进行双重服务，寻找图书馆服务与当地经济建设密切相关的结合点，使图书馆信息服务与当地经济发展形成有机结合，通过产品信息开发来促进本地特色经济的发展，从而开创出图书馆信息服务的新路子。以地方特色产品作为选题依据和建库对象，其优点一是易于确定选题范围；二是可以促进图书馆地方文献的收藏和开发，产品目录及相关资料本身就是典型的地方文献，以数据库的形式对外提供服务，既起到了保存地方文献的目的，又提高了地方文献的利用率；三是通过对厂家和用户的双重服务，产生一定的社会和经济效益，随着数据库在网上的流通，加快了产品信息走向市场的步伐，在用户与企业之间筑起一条相互沟通的桥梁，既可给用户提供直观的产品信息，也可向企业反馈社会需求。用户足不出户，就可浏览到产品大全，找到自己满意的产品样式，企业不用花很大气力，通过产品信息服务，无形中就建立了一个庞大的销售网。

产品数据库的开发，必须使用计算机多媒体技术才能够最大限度的揭示信息内容，以满足用户的最大需求。要全面反映一种产品的总体情况，信息内容就应该包括产品外形（图或动画）、与产品有关的文字描述、动态情况（价格，库存等）、生产厂家的背景资料以及使用该产品的用户情况等。多媒体技术的应用，弥补了过去只能进行文字信息服务的不足，而且网络技术的发展又为及时更新信息提供了方便。在进行产品信息的开发时，既可以把产品的图形、图像、声音、动画以及相关文字、表格等予以收录，又可以通过与厂家所建立的网络系统及时更新价格、库存等动态信息，为读者提供全方位的检索。

相对于大多数图书馆而言，在数据库开发过程中，最大的难点莫过于管理软件的研制和数据库建库工作。

二、数据库管理软件的研制

管理软件是开启数据库的钥匙，它的主要作用是进行数据维护、增加、变更和为用户提供检索工具。有些数据库的管理软件是可以通用的，或借用别人已经开发完成，又与自己需要相吻合的现成软件。但相对于大多数数据库，尤其是一些特殊类型的数据库而言，就必须自行解决数据库管理软件的开发问题。软件的开发是一个庞大而又复杂的系统工程，需要花费一定的时间、人力和经费，更主要的是要有较高的技术水平。所以，在数据库管理软件的开发过程中，对设计原则、开发工具的选择和实现的技术，所要达到的功能以及界面的设计等等，都要做精心的策划。

数据库管理软件设计的总体要求，就是要根据自己的实际需要设计能存储和反映不同种类甚至多种媒体信息的数据库结构，尽可能全面地反映各种相关的数据要素；能记载和揭示相关的数据项之间的逻辑关系，便于数据管理和检索算法的程序实现；尽可能少的数据项目冗余和数据冗余；充分考虑数据集成化管理的基本需求。

第一，应具有多样化、交互性和集成性的特点。数据库所涉及的信息媒体已不仅仅局限于传统意义上的图文、表格，而且可以把声音、图形、动画和影像通过计算机多媒体技术进行集成。对于计算机相关和外部设备所获取的不同数据类型，都要通过数据库管理软件进行有效的集成，以达到高度还原和共享。因此，管理软件在对各种信息进行综合处理的时候，绝不是仅仅把各种数据进行简单的混合和叠加，而是将多种信息进行有机地组合、加工和处理，使之成为一个整体，并给用户提供方便的使用，这才算是一个成功的数据库管理软件。

第二，应具有易维护、可扩展的特点。任何一个软件系统都有一个逐步完善的过程，为保证系统正常运转和适应新的需要就要对系统进行维护和扩展。

第三,应提供开放性、标准化、友好的用户界面。数据库系统的最终结果是网上浏览服务,应该建立在支持C/S模式的开放平台上,系统宜运行在WINDOWS平台,尽量使用标准通用的存储格式、通用的窗口操作界面和类似浏览器的操作方式,界面美观漂亮,操作简单,用户能很容易地获取所需要的信息。

三、数据库的建库

开发产品数据库,要求有一定量的高质量数据,要能够实现数据的及时更新和反馈。

数据库资料的组织可分三步来进行:

第一步是根据选定的产品范围广泛收集资料,包括企业概况,产品图片与规格,参考价格及库存等情况。为保证资料的齐全,可采用与政府或行业主管部门的合作,通过发文的形式强行征集资料。但这种方法难以保证资料的齐全和质量,因此,在建库初期主要还是依靠工作人员逐一厂家的收集,既可以向厂家宣传建库的好处,又可以拿到第一手的资料。厂家逐一收集的难点主要在于工作量大、投资大和周期长。这个问题并不难解决,但在实践中,可以采用对厂家征收一定的数据库入户费用,再聘请一些高素质的社会人员或在校大学生去厂家收集资料。虽然不能保证能征集到所有厂家的入库费,但这一部分费用用于资料收集费应该是绰绰有余的,更主要的是保证了资料的质量和缩短了周期。

第二步是对征集回来的资料进行整理。运用图书馆专业知识对各类资料和信息进行整理和序化,是图书馆工作的特长,但各类资料和信息的分类方法与图书馆藏书并不完全一样。尤其是产品信息的分类,与学科分类有很大的区别,它必须根据产品类型或者外形特征和使用习惯等来区别各个产品,再根据管理系统的要求进行标引,以提供方便、快捷的检索。

第三步是通过计算机软件管理系统，管理各类产品信息。从长远来说，第一次大规模收集的经过加工的产品资料主要是给管理系统提供设计参考，只能称为模拟数据库。因为产品数据库的最主要特点就是要实时反映产品信息的变更情况，如价格、库存等类信息随时处于变化之中，靠人工收集信息再录入系统，不能动态反映产品信息，用户所获得的检索结果会产生时间差。因此，产品数据库最好采用网络模式，管理软件应具有在网上厂家终端实时增加和更改数据的功能。

四、数据库的推广

产品数据库的推广比一般文献型数据库要难一些，这是产品数据库本身的特点所决定的。产品数据库是一种双向信息服务，一方面面向厂家通过网络终端接收及时的动态数据，另一方面向用户提供产品数据库的检索。因此，它的推广也是双向的，既要面向数据源，又要面向数据用户，二者之间是一种相互依存的关系。

数据库的推广，一是在建库过程中尽可能得到当地政府和行业主管部门的认可和支持，以文件的形式下发各相关企业，以利于工作的开展。还可向有关部门申报科研课题，通过一定级别的鉴定，取得专家的肯定意见，参加各级课题的评奖。通过这些形式来求得厂家和用户的信任，扩大影响。

二是利用社会公众计算机信息网络的优势向广大用户提供产品数据。产品数据库实现网上浏览之后，在用户与企业之间筑起一条相互沟通的桥梁，既可给用户提供直观的产品信息，也可向企业反馈社会需求。用户足不出户，就可浏览到产品大全，找到自己满意的产品样式，企业不用花很大气力，通过图书馆的产品信息服务，带来较大的经济效益。

三是参加各类相关产品展销会。一般来说，具有一定规模的产品行业每年都要举行大范围的产品订货会或展销会，这类活动为数据库推广提供了良机，通过数据库的现场展示，可以起到推广和扩大数据库影响的作用。

四是与专业媒体合作，在建库之初利用专业报刊在行业内的较大的覆盖面和影响力，宣传和推广产品数据库，可以起到事半功倍的效果。

五是开发数据库相关产品。产品数据库本身就是一个拥有巨大空间的产品“陈列室”，把一些常规性产品数据按厂家或产品类型等要素进行重新组合，开发出系列数据光盘，提供给产品销售部门，既节约了产品陈列空间和费用，又提供了还原性较好的产品展示，应该有比较好的开发前景。对于一些特殊类型的产品，如艺术品之类，还可开发出产品VCD，以提供给人们作为欣赏之用。

产品数据库属于事实型数据库，它与我国图书馆界广泛应用的数据型数据库相比，只是数据对象和功能上的不同而已，无所谓优劣，更无所谓作用的大小。就其本身特点而言，开发难度要比数据型数据库大一些，此外，硬件设备投资相对较高，要求计算机网络传输速度更快等，在我们准备开发产品数据库的时候，这些因素都是必须予以考虑的。

【实例2】

襄樊市图书馆特色数据库①

一、“襄樊市图书馆特色数据库”的资源优势

襄樊市图书馆特色数据库包括了襄樊新貌、地方志书目、襄樊地方文艺、地方出版物书目、地方出版物文摘、襄樊百科、地方法规、近现代史大事记等内容。其中全国政协副

---

① 李韵桥. 市级公共图书馆特色数据库建设的实践——以“襄樊市图书馆数据库”为例. 福建图书馆理论与实践，2007(1)

主席胡绳捐赠的23000册图书中，政治、历史类资料齐全，明清线装书有3000多册，拓片2000多种。文献资源十分丰富，载体形式包括论文、图片、拓本、会议录等。

二、襄樊市图书馆特色数据库的内容

1. 襄阳地区地方文献目录信息子库

地方文献是指有关本地的资料、地方出版物等。襄樊市图书馆作为该地区信息中心，拥有大量的地方文献，这是现阶段特色数据库建设的主体。该馆不仅建立了文献目录库以便查找，还把部分重要地方文献数字化，成为全文数据库。地方文献数据库包括了特色馆藏数据库、地方文献数据库、中部经济开发数据库几部分，其中特色馆藏数据库由馆藏襄樊地方志书目、馆藏襄樊期刊目录、馆藏襄樊地名目录、馆藏襄樊年鉴、地方报纸篇名目录索引等组成，这些都可在网上免费下载和浏览。

2. 襄樊地方人物、风情文化研究信息子库

地方人物包括籍贯在当地的古今名人，也包括对当地有重大影响的人士；地方风情包括各地风土人情、民习、民俗、名胜古迹等。其中人物数据库分古代、现代和当代3个时期对襄樊的名人名士进行详细介绍。风情数据库包括襄樊坊巷录、襄樊史话、襄樊名人故居、襄樊古今揽胜、襄樊特色、襄樊风俗、襄樊自然环境、襄樊民间传说、党和国家领导人在襄樊等。

3. 胡绳个人藏书信息子库

胡绳个人藏书信息子库是由全国政协副主席胡绳捐赠的近、现代出版物以及古籍线装书和拓片、字画等构成。胡绳是我国著名的哲学家、历史学家，其收藏的有关哲学和历史类书籍有一套完整的收藏体系，其中不少版本是目前难得一见的珍贵版本。在具体建设中，按不同的类别划分为3块，在他整个个人藏书中历史类书籍占了三分之二，具有很

强的专业性和研究性，其余的是线装书和拓片，这样的划分为数据库的分类检索与信息导航提供了方便。

三、特色数据库的管理

襄樊市图书馆选择ILAS作为特色数据库创建、发布和管理的平台。利用ILAS系统可实现网上信息采集、站内搜索引擎检索和实时信息采集。ILAS系统可以完成元数据的加工和标引分类工作，并自始至终坚持了数据库的标准化和规范化。特色数据库的建设涉及许多标准，如软件平台、元数据标引格式规范、文献著录标准、检索标准等。所建各元数据标引符合《CALIS专题特色数据库信息描述元数据规范》中所规定的元数据规范。所建成的数据库资源能上传CAL IS做到数据共建共享。

襄樊市图书馆特色数据库在进行信息分类时，采用了自定义分类和中图法分类并存的灵活方式。在用户选定分类体系的基础上，系统自动生成导航树，只要将记录拖动到相应的终点，系统就能记录下本记录对应的分类号，建立导航检索。

数字资源管理，采用了TPI系统来作为自己数字图书馆的平台，利用TP I系统提供的基本模块即可建立数据库，完成信息存储、管理和发布。TPI数据库检索与发布系统可实现各种检索服务及全文检索，但要进行二次检索和高级检索以及跨库检索则需要安装USP检索平台软件，让用户感觉不到连接的各个数据库的区别，缩短用户等待的时间。TPI的数字参考咨询系统还可实现FAQ咨询、E-mail咨询，可以为读者提供视频虚拟参考服务。TPI数字资源管理系统可实现身份验证、访问控制、服务记录、数据库维护、计费管理等完整的功能。

3.2.6 外购数据库

国内外现在有许多数据库生产商或数据库服务提供商，他们开发出的各种文献数据库已囊括了大部分的学科和主要的文献类型。对于已经商品化的数据库，图书馆无须自己另行开发，购买或租用比自己建设成本要低得多，而且质量会更好。直接向数据库生产商或数据库服务提供商购买产品或购买服务，也是图书馆数据库资源建设的重要手段。

（一）外购数据库选择原则①

（1）内容涵盖范围、广度和深度。在购买某一种电子信息资源之前，要对其收录内容及相关情况进行分析，对于内容总的要求就是在满足用户需要前提下的全、广、新，包括：电子信息资源覆盖的学科范围、数据源及收录量、收录的文献类型（题录型、文摘型和全文型以及全文型资源所占比例）、记录总数、时间跨度、地域范围、语种、更新频率等。

（2）有权威信誉且具有独特性的资讯提供者，深入了解资讯提供者（作者）的背景及其提供的内容权威性如何，稳定性和可信赖程度如何。

（3）内容具学术性、时效性且经常更新。

（4）使用方便。检索界面友好、简单、清晰、易于操作，提供的检索、结果排序、保存或打印或电邮功能强大，线上帮助易于使用和明白。目前，数据库呈现出两种趋势：一方面，同一检索系统上集成了越来越多的数据库；另一方面，同一内容的数据库又可以利用多个检索系统提供服务。这就要求我们在评价数据库内容的基础上要重视检索系统的选择。因为系统与内容是密不可分的，系统的质量直接影响到内容的使用。有时，同一种资源会有不同的检索系统，这种情况下就更需要对系统进行评估。

（5）电子数据库的载体选择。无论是实体形式的光盘，或是镜像或网络数据库，还是二者均有提供，都必须是图书馆可接受的载体，且符合一般应用的技术标准。如光盘版，尽量选择网络版的，而不是单

① 梁奋东.公共图书馆电子资源馆藏发展及其政策初探——深圳图书馆新馆个案研究.图书馆，2006(3)

机版，且软件是与 PC 机一致的，易于安装；而选择基于网络的数据库，则需要考虑其服务器的可靠性，如服务器出现故障频率、持续时间以及服务器反应时间等。

(6)优先考虑采购具有长久保存权、使用权及拥有权的数据库。特别是对本馆的特色馆藏资源建设，更应考虑对数据的拥有权和永久保存。图书馆首选网络数据库是通过 IP 段控制方式获取的，同时提供远程用户授权密码登录；其次考虑通过授权账号与密码登录方式获取。

(7)数据库产品除了需遵循一般应用的技术标准外，其对数据库产品使用过程中的技术支持也很重要。

(8)数据库产品的附加值如何？馆藏是否已有其他媒体形式？

(9)价格也是决定选购电子资源与否的一个重要因素。图书馆信息资源建设正在由重数量、规模的外延扩展型增长方式向低投入、高效益的内涵式集约化增长方式转变。经济性原则要求注意以下几点：第一，做好经费分配的使用计划，做好已订购资源的价格及涨幅统计分析。第二，及时了解资源使用情况，要重点保证重要的、使用量大的权威性资源。第三，在网络环境及馆际分工协调、共享条件下，充分估量由此产生的经济意义，据此适当调整采购方案。

数据库一般可要求试用。在数据库试用前，要开展宣传和数据库使用培训等工作。设计本馆统计软件(有的数据库商直接提供)和网络读者使用情况调查表等。在数据库试用期间，应对数据库的检索系统进行全面了解，对用户使用情况进行跟踪。数据库所提供的检索系统是衡量其质量的重要指标。检索系统主要包括检索功能、检索技术、检索结果的处理方式、用户服务等。

(二)电子资源区域性集团采购①

单一图书馆向供应商采购电子资源，很难在价格、服务等方面上有优势可言。这就使得图书馆界之间有目的地组织成集团模式，以集

---

① 肖琼. 论高校图书馆新型电子资源共建平台——区域性集团采购. 情报理论与实践，2007(9)

团的方式进行电子资源采购，最终以最少的经费，获取最优的价格、最佳的服务和最符合需求的资源。区域性图书馆集团采购是基层图书馆合作的一种高级形式，它是采用自愿加入的原则，组织各成员馆以临时集团或固定集团的形式进行电子资源采购的一种图书馆联盟，其目的是促进地区内图书馆信息资源的联合共建共享以及地区之间图书馆的合作交流。目前，这种采购方式已经在一些地区图书馆广泛使用，成为图书馆缓解经费短缺的一种有效途径，并为实现资源共享搭建了一种新型平台。

1. 区域性集团采购的优势

(1)区域性集团采购可以降低电子资源的成本，减少风险

实践证明，以区域性集团形式购买资源，加大了买方的势力，强大的集团资金会引起出版商对购买意向的重视，使区域性图书馆可享受到批量购买的优惠价格以及地区差的优惠价格。对于参加集团采购的图书馆来说，可以共同分担项目风险，减少资源价格上涨对图书馆带来的压力。

(2)有利于缩小差距，促进区域性资源的整体发展

一些中小型图书馆，特别是一些处于比较贫困和边缘地区的图书馆，通过区域性集团采购可以购买并访问与大型馆同样的电子资源，即使有的昂贵的数据库无法购买，也可通过区域性资源共建共享方式获得使用权。另外，通过集团组织共同调研、评估和筛选、价格谈判等环节，减轻了单个图书馆的负担，从而大大提高了电子馆藏的质量，扩充了电子馆藏的内容，使区域性资源得到规模化升级，缩小了大中小型馆的差距。此外，各个图书馆未来的电子资源经费在一定的协议中也能作为固定经费得到保证。

(3)易于整合资源，促进区域性资源保障系统的建立

区域内集团合作挑选和采购资源，不但可以促进集团内各成员馆之间的联合目录，馆际互借，资源传递服务，建立导航系统等工作，有效地促进馆际合作，还有利于区域性资源保障系统的建立。对于区域性资源保障系统的建立单靠哪一个图书馆或哪一个机构都是不可能

得到根本解决的。需要有区域性组织机构来统筹,建设统一、集中的保障体系,对区域性资源进行有效整合,以加强区域性资源共建共享工作和学术研究,同时为以后实现跨地域的共享与协作打好坚实的基础。

(4)有利于提高数据库质量

采用区域性集团购买的方式,强大的购买资金和购买力会大大吸引供应商的开发欲望。发挥集团采购强大的人才优势与供应商进行谈判,提出相应的要求,如:购进前的试用权利,意向购进时对检索软件实现及功能等方面提出一些相应的修改条件,购进后的优化服务等等。这样有利于数据供应商在产品质量和数量上下工夫。

(5)有利于保障用户及时利用资源

就目前绝大多数基层图书馆来说,技术、设备、人力等条件不是很优越,从而采用区域性集团采购、分散保存、资源共享模式比较好。在集团采购时要求商家除了开通网络电子资源利用以外,还要给各成员馆附送所订购电子资源的光盘版;对购买的镜像资源,除了把数据安装在本地存储器以外,同时要求赠送包库使用服务项目。这两种服务方式共存,可在本地设备出现意外而停止服务时,及时开通网上远程访问,有效解决因设备问题而导致用户使用资源被中断的问题。应该说,以上采购方式对于目前而言是一种有效解决电子资源的长期保存、享有数据和维护以及保障用户能及时利用资源的有效途径。

2. 实施区域性集团采购的策略

(1)电子资源的选择、试用、分析与评价

对电子资源的选择就是要针对用户的信息需求和馆藏特色,对馆藏文献资源在类型、学科、级别、文种等方面进行科学分析、选择;同时还要综合考虑诸如学科建设要求、出版机构的权威性、供货商的信用。电子资源的试用也是采购前重要的一个环节,通过试用可以充分了解该产品的质量、检索功能等。此外,还需要了解国内同行电子资源的引进和购买情况,了解兄弟馆的资源情况及共享的可能性,并重视试用后用户对该产品的反馈信息,结合技术性的评价指标内容,如检索功能、导航系统、学科资源涵盖量，全文所占比例、传输、更新速度等，基于以上的综合分析和评价进行审慎决策。

(2)建立合理的分摊模式。

区域性集团采购组织模式与资源开发商的营销策略不无关系，费用的支付是按地区或机构组织集团固定支付，而对于成员馆的数量及费用支付额度，数据库开发商并不限制。但资源购进费用的分摊问题却关系着各成员馆参与集团采购的积极性与可能性，制约着集团采购的规模和采购效益的发挥。所以，在费用分摊时一定要平衡好采购集团和成员馆的利益，采用分级制分摊的方式比较容易接受。可以按规模定价法，即按图书馆规模的大小划分分摊费用的档次；数据库使用量费用分摊法，即以利用人次、全文下载篇数或类似的指标为计量单位；按各成员馆对于集团采购项目的贡献进行费用分摊等。

区域性图书馆电子资源集团采购模式是目前区域性图书馆实现资源共享和互利互惠的新型组织形式，它必将为跨区域资源共享奠定坚实的基础。

【实例1】

电子资源收藏种类排名

序号	中文数据库	外文数据库	中文电子图书	外文电子图书
1	万方数据资源系统	PQDD	方正电子图书	不列颠百科全书
2	CNKI 系列数据库	OCLC	书生电子图书	Net Library
3	中国科技期刊库	EBSCO	超星数字图书馆	Springer Link
4	中国资讯行	Springer	超星电子图书	EEBO
5	人大复印报刊资料	Elsevier	四部丛书	ECCO
6	国研网	CSA	龙语翰堂典籍数据库	Safari
7	中国社会科学引文索引	EI	读秀知识库	金图国际
8	CALIS 西文期刊目次	LexisNexis	中国数字图书	Ebrary
9	CALIS 联合公共目录查询	ProQuest	二十五史	美星
10	NSTL	Kluwer	中国历代石刻史料汇编	CADAL
11	网上报告厅	ACM	十通	Knovel

12	全国报刊索引数据库	ACS	中国大百科全书	Taylor&Francis
13	中国科学文献服务系统	AIP	时代圣典电子图书	Wiley
14	CALIS 高校学位论文库	APS	文渊阁四库全书	Thieme
15	中国经济信息网数据库	INSPEC	中国基本古籍库	ACM 电子图书

【实例2】

香港公共图书馆电子资源采购与使用

香港公共图书馆系统分为五个层次,在线数据库在较小型的图书馆里极少用到,主要是在中央图书馆和其他5个主要图书馆使用。所以,在线数据库的订购被从整个图书馆馆藏资源的采购中独立出来,不再由采编中心负责,而是由中央图书馆参考部专门成立了一个工作小组来实际操作。电子资源主要分为 Online Database(在线数据库)、CD-ROM(只读记忆光碟)、E-Book(电子书)、OPAC(联机公共检索书目)、MMIS(多媒体资讯系统)5种。这个工作小组的成员主要由中央图书馆参考部相关职员组成,5个主要图书馆也会分别派人参与,在涉及相关5个主要馆收藏主题的数据库时发表意见,在线数据库的采购上有一套固定的流程,其中有不少操作方法是值得我们借鉴的。

(1)试用与意见回馈

在找到可能适用的新数据库资料后,小组成员一般会要求数据供应商提供试用期。在试用期间,除了工作组成员试用外,还要求各相关部门负责人与主要图书馆相关人员试用,并在试用后提供回馈意见。

(2)小组讨论

各部门试用人员针对某具体数据库提出试用回馈意见后,工作小组会开会讨论该数据库是否购买。影响数据库购买的主要因素除了试用意见外,最重要的还是价格。在线数据库的资料与数据,一般来说是存放在数据商的服务器上,使用者受版权法与数据库技术的限制无法全库下载。当年订购了，当年可以使用，在线数据库这种对数据订购的连续性要求，使订购者对价格因素的考虑要更慎于图书。中央图书馆每年数据库采购的经费是定量的，这笔钱一方面要保证已订购数据库的维持与更新，一方面还要不断增添新的数据库。所以，在对待每一个具体数据库的订购上，工作小组在广泛参考试用意见后，还会重点考察订购费用，确定是否能维持连续订阅该数据库。

(3)确定购买

参考部另设有资料采购委员会，人员主要由各位馆长组成。工作小组在对具体某一数据库进行讨论并得出一定结论后，报给资料采购委员会，获通过了再确定购买。

(4)数据库评审

对于已购买的在线数据库，凡比较重要的，参考部会有专门的工作人员负责跟踪，对该库的读者使用量与读者反馈意见进行统计。另外，大多数在线数据库都提供使用统计的功能，通过这个使用统计，也基本上可以了解读者的使用情况。而读者使用情况的统计与读者的反馈意见是决定该在线数据库在来年是否会续订的一个重要依据。

【实例3】

美国国会图书馆馆藏数字化资源选择原则

美国国会图书馆信息资源数字化的一系列项目是实施最早影响最大的项目，在其漫长的实践过程中，逐步形成了一套适合于本馆实际的数字化内容选择原则，这些原则包括下述六方面：

(1)价值。应该优先考虑对国家具有重要价值和处于危险保存状态的信息资源。这类信息资源数字版本的传播将对原始资源的保存、安全及其减少手工操作等方面都具有重要意义。

(2)状态。对于那些由于处于损伤、易碎以及存储在不稳定介质上而无法提供服务的信息资源,数字化是一种提供服务的选择。

(3)使用。对于那些用户利用频率高或者检索成本高的信息资源,数字化有利于提高对其访问的方便性,降低检索成本。

(4)原始资源特点。以不同的物理形式存储和具有地方特色的信息资源适合于数字化。

(5)试验型信息资源。有些情况下,用于大规模生产的数字化技术或方法还不存在或不太成熟,就要选择一些类型的信息资源进行试验和测试,从而探讨用于特定类型资源大规模数字化的技术或方法的可行性。

(6)有助于存取。尤其是通过数字化可以大幅度增加存取能力的缩微胶卷和印刷型资源。

3.3 网络信息资源服务

3.3.1 数据挖掘

数据挖掘又称数据库中的知识发现,是目前信息技术领域中热门的一个课题。所谓数据挖掘就是从大量的、不完全的、有噪声的、模糊的、随机的实际应用数据中,提取隐含在其中的、人们事先不知道的但又是潜在有用的信息和知识的过程。

数据挖掘是一门交叉学科,它把人们对数据的应用从低层次的简单查询,提升到从数据中挖掘知识,提供决策支持。由于数据的表现形式多种多样,人们可根据其主要研究对象的数据结构形式,将数据挖掘分为数据挖掘、Web 数据挖掘和文本数据挖掘。[①]

数据挖掘技术在商业领域内的应用给图书馆尤其是公共图书馆带来了很大启发。图书馆读者的特点是数量巨大、读者的年龄不同、工作性质和专业方向不同、研究领域更是差别很大，这样的读者特点给图书馆提出了不同的个性化要求。

在读者利用图书馆的资源过程中会留下诸如读者基本信息、借阅历史、检索历史等有价值的大量信息，这正是图书馆工作者获取读者信息需求、读者分类、需求聚类的宝贵数据，获取这些信息就可以据此提供个性化信息服务，即根据读者兴趣文件或兴趣规则主动向读者提供有价值的资源。通过分析数据挖掘的结果，寻找各个学科领域中的一些相互关联的知识、优化图书馆的馆藏布局。图书馆的管理系统对书目的馆藏信息、文献的流通情况、读者基本信息有着详细的记录。通过挖掘文献使用规律，可以制定相应的决策以优化图书馆的馆藏布局。

数据挖掘在图书馆信息服务中的运用：

• 挖掘文献使用规律，获取读者信息需求；优化图书馆的馆藏布局，提高资源配置利用率。对读者基本信息记录、借阅历史信息记录、检索历史记录、书目信息四个数据集中进行数据概化。根据图书馆现有数据的特点，进行读者分类、需求聚类。

• 根据读者行为分析，确定特定借阅群体或个体的兴趣、借阅习惯、借阅倾向和借阅需求，推断出未来借阅行为。按照读者借阅图书的分类，使用划分的聚类方法可将读者划分成为具有不同借阅特点的组，每一组的读者在借阅图书的分类构成上具有很大的相似性，而不同组的读者在借阅图书的分类构成上则有较大的差异性。

• 从图书馆借阅记录中发现规律，并利用这些规律提供图书推荐

---

① 宋鸾姣，朱建荣. 浅析数据挖掘在数字图书馆信息服务中的应用. 科技情报开发与经济，2007，17(23)

服务。①

• 提高信息获取速度

利用关联规则采掘算法找到访问频率超过给定阈值的专题(项目)集,进而用分类算法把客户的浏览模式与频繁项目集进行相似匹配,将具相似浏览模式的客户组织到一个服务器上,从而减少服务器缓存和传输页面的数量;找到事务库中被频繁访问的专题集,利用关联分析得到专题之间的关联规则,存入服务器的知识库,当用户浏览某页时,网络代理根据规则预先连接其关联页,从而提高响应速度;也可利用 Web 挖掘得到用户访问序列模式,根据预测预先传输用户可能阅读的页面。

• 提升图书馆传统信息服务的质量

信息检索服务:智能化的信息检索不仅支持概念检索、模糊检索、联想检索及多语言检索等,而且能迅速利用聚类算法将查询结果分析聚类,使之条理化呈现,方便用户筛选,同时在此基础上确定进一步的检索定位,从而实现交互式检索。

信息分析服务:有专家指出,“对文本的探索性数据分析(EDA)才是真正的文本挖掘”。它是指直接对文本数据及其相互间的关系进行分析,从而识别出未知的有用的知识过程。因此,数字图书馆可提供面向商业用户的信息分析,帮助它们确定发展和竞争策略,实现自身的收益。②

3.3.2 网上信息资源导航

1. 网上信息资源导航的主要内容

网上信息资源导航建设是信息重组的过程。信息重组是一种再创造型的劳动,是信息工作者将零散的、无序的、优劣混杂的大量信息

---

① 曾俊. 数据挖掘技术在图书馆管理系统中的应用. 中国优秀硕士学位论文全文数据库,2007(8)

② 宋鸾姣,朱建荣. 浅析数据挖掘在数字图书馆信息服务中的应用. 科技情报开发与经济,2007,17(23)

进行筛选、解构、重组、整序，使之有序化的过程。因此建立网上信息资源导航必须调研用户信息需求，利用一定手段、工具广泛获取相应的信息，并按一定方式分析、整理、重组、交流、传递重组信息，最终解决目标问题。

2. 信息资源导航建设的范围

我们可以通俗地将网上导航理解为互联网上的信息编目（当然与真正意义上的编目有所不同），但是，为哪些信息做导航，对哪些信息进行编目，需与信息选择者本身的定位相一致。网上信息浩如烟海，我们不可能针对每一信息都做导航，应以需求为导向，广泛调研用户的信息需求，进行各学科研究课题的调研、收集、登记、整理，根据所设学科、专业性质，主动为各学科、专业特别是重点学科提供学科信息导航。经过调研，主动跟学科、专业带头人联系，由他们填写其学科研究方向、研究课题、需要跟踪服务的内容、联系方式等方面内容的“信息跟踪服务登记表”，或通过网络填写表单，图书馆工作人员根据登记表或表单进行整理、归类，建立用户档案。同时亦应以本馆办馆宗旨、本馆特色及地域特点、人员能力（外语水平、计算机水平等）、专业水平等为基础，采集信息。如：设立有关政策与法规、专业参考工具、专业电子期刊、专业图书馆、有关会议动态、组织机构、科学家、仪器设备、引擎导航、大学与学科研究等类目。

3. 建立网上信息资源导航数据库

确定专题后，进行广泛的网上信息采集，然后分析、整理、重组信息，围绕特定课题或专题，进行分析、整理，进行源信息重组，建立重组数据库。

第一，源信息重组。把搜集到的信息文献，不改变原来的结构，根据各课题或专题的主题进行分析、整理、重组，以数据库的形式存贮，建立相应的重组数据库。

第二，信息重组。把搜集到的信息文献，根据特定课题或专题，对信息进行分析、解构，深入到信息单元，把有用的信息抽取出来，按信息单元或信素进行重组，建立相应的重组数据库。这是较高水平的信息重组。

第三,为满足用户的需要也可以自己通过网上浏览检索,对主题涵盖的相关网站、课题或专题的电子出版物、检索工具、数据库链接点进行归集,对每个链接点的信息内容、特点涵盖内容作简单介绍,并提供各学科、专业,特别是重点学科核心期刊的近期目次。

第四,把信息重组的相关内容在网页中以超文本和超媒体的链接方式有机地编织成网状结构,方便用户从不同节点浏览和查询重组信息。用 Microsoft SQL Server 建立数据库,设置相应的字段:分类字段、数据库名称字段、URL 字段、库介绍字段等。递交检索有两种方式:采用固定检索词进行分类检索和采用对话框输入关键词检索。数据库检索方式采用 SQL 语句实现:分页显示介绍查询结果,并在 URL 中作相应的超文本链接。其中,递交检索、数据库检索和结果显示采用了基于 Microsoft Active Server Page 的 ADO 方式的 Web 数据库访问方式,满足用户的各种需求。①

3.3.3 信息推送

信息推送服务是基于推送技术发展而出现的一种新型服务。它运用推送技术来实现个性化的主动信息服务,改"人找信息"为"信息找人",并通过邮件、"频道"推送、预留网页等多种途径,把特定的信息送到特定的人。可以说信息推送服务是传统定题服务在网络环境下的一种再现,它改变了获取信息的方式。②

传统的"柜台式"服务限制了服务时间和服务空间,难以满足读者的信息需求。信息推送服务作为一种主动性和个性化较强的信息服务方式,真正实现了"以读者为中心"的服务理念。信息推送方式③主要有:

---

① 薛明.辽宁省图书馆.图书馆学刊,2003(6)

② 吴孟苏.地方高校图书馆现代信息推送与服务创新研究方案.乐山师范学院学报,2008(5)

③ 潘幼乔,张建,彭国莉.高校图书馆开展信息推送服务方式初探.教育研究,2008(3)

1. 馆际互借和文献传递

为提供优质、便捷的服务，基层图书馆在馆与馆之间达成资源共享。在明确读者需求后，即使是本馆未收藏的文献资料，也可通过馆际互借来满足读者的要求。

2. “点对点”专业服务

“点对点”专业服务是工作人员根据服务和读者的需要，通过网络传输（QQ、E-mail 等）、手机、传真、电话等方式，主动、长期与读者保持联系，随时提供读者所需的信息与服务。如：书刊借还的跟踪服务；新书、好书推介和专家书评服务；本馆馆情动态新知；图书代购和资料翻译；节假日、生日问候等等，保证了信息推送服务更全面、更便捷、更贴心。

3. 与地方产业相结合，推出特色服务

随着科学技术的飞速发展，文化已经成为产业的核心竞争力。基层图书馆在满足社区居民普通借阅的基础上，根据当地的产业特点，在提供专业书籍借阅的基础上，进一步提供深层次的专业信息服务。了解企业、专业读者所需，并第一时间将收集、整理的专业信息送到他们手中。通过图书馆的文化支持，增强产业的竞争力，达到以文化服务促产业发展的目的。

基层图书馆在开展信息推送服务时，应根据地方产业文化的需要建立特色数据库。

3.3.4 个性化信息服务①

个性化服务是在读者细分化的基础上针对特定群体的读者而言的，是针对特定群体读者的特点提供的能满足特殊需求的服务。这部分服务的关键在于能够进一步适应读者的信息需求，发现高价值读者。通过为高价值读者提供个性化信息服务，图书馆的工作能够更加符合社会整体发展的需要，提高资源的使用率，提高图书馆对整个社

---

① 丁永玲. 个性化信息服务案例分析. 图书与情报，2005（6）

会的贡献率。

目前我国开展的个性化信息服务方式大体有以下几种:(1)词表导航,是为满足个人的各种检索需求而提供的一种检索帮助。检索过程中系统能辅助用户选择检索词。(2)推送服务,一种主动性强的个性化信息服务。网络公司从网上的信息源或信息制造商获取信息,通过固定的频道向用户发送信息。(3)智能代理,一种能够完成委托任务的计算机系统。(4)信息转播,通过采集和转播实现对互联网上的有选择的访问,对内部用户造成一种虚拟站点的景象,多适用于一些处于经济、保密等原因不能大规模在线使用互联网资源的用户单位。

定题服务(科技查新),这是传统图书馆内典型的早期个性化服务,对沟通个别用户和特定信息资源的关系能发挥重要的作用。早期阶段因为受到各种条件的限制,服务的深度和广度都没有达到理想的效果。网络的贯通则为"定题服务"铺设了宽广的道路,使得这种传统的服务在新技术条件下向更快、更精、更准的方向发展。

网络导航,有针对性地将各类资源的查找路径进行整合,给用户一个专题化的导航工具与检索环境。主要通过图书馆员对网上相应专题的资源进行识别、筛选、过滤、控制、描述、评价,并组织成目录信息或者提供源站点地址供用户选择查找。

针对个人或课题特殊要求,提供定制的个性化信息服务,设立"个性化数字图书馆"、个性化信息服务平台,是实施高层次个性化信息服务的重要措施。

【实例】

个性化信息服务技术

个性化信息服务是高科技发展的结晶,随着网络技术和信息技术的高速发展,许多先进技术和先进手段被应用到图书馆的信息服务中,现介绍几种较为普遍的服务形式。

1. 智能代理服务

这是一种采用智能 Agent 技术实现的一种搜索，当数据库有新的记录增加时，可以命令搜索引擎的代理通知用户，用户通过智能代理服务直接获得数据，而不需要知道这些数据在网络上的具体位置。Agent 是在人工智能领域发展起来的，美国麻省理工学院（MIT）媒体实验室软件代理小组认为：智能 Agent 是一种能够完成委托任务的计算机系统。有人将智能 Agent 以及其自动搜索处理视为未来的搜索引擎，它将使因特网成为一种智能交互驱动的网络。智能 Agent 在个性化信息服务方面主要解决获得用户信息需求、自动检索信息和检索结果的推送三方面的问题。具体的过程是：在获得用户的信息需求后，系统就会不断地为用户的特定需求工作，一旦找到合适的中间或最后结果，系统会主动通知用户，从而解决了传统搜索引擎的不足，提高了信息检索和推送能力。

2. 主动推送服务

主动推送服务即运用推送技术（Push Technolong）提供信息服务，是近年来个性化信息服务中的重要形式。这是一种按照用户指定的时间间隔或根据发生的事件把用户选定的数据，采用多点播放和多址发送内容相结合，自动推送给用户的计算机数据分布技术。目前的研究与应用把信息推送服务分为两大类：一类是借助电子邮箱并依赖于人工参与的信息推送服务；另一类是由智能软件完成的全自动化的信息推送服务，推送方式主要有四种：即基于频道的推送、基于邮件的推送、基于网页的推送和专用式推送。这种服务的最大特点就是用户一次性输入请求，推送服务系统就定期地、不间断地把最新信息发送给用户。近几年不断开发出一些信息跟踪工具，它们可以推送 WEB 上的各种信息，包括网页信息的变化，搜索引擎新的检索结果，以及新闻组的最新新闻内容等等。如中国人民大学信息学院和图书馆开发的“数字图书馆个性化推荐系统 Kingbase DL”,是根据高校图书馆的特点设计开发的以信息服务为核心内容的数字图书馆个性化信息服务平台,包括异构资源统一检索服务系统、个性化信息推荐服务系统和在线咨询服务系统,既能按照用户的定制要求提供资源,同时能跟踪和学习用户行为,自动采集用户感兴趣的信息,并动态跟踪用户兴趣的变化,从中进行分析推荐。

3. 呼叫中心服务

这是一种最新发展起来的专门提供一对一用户服务系统,是基于 CTI(计算机电话集成)技术,充分利用通信网络、计算机网络的多功能集成、与用户连为一体的综合信息服务模式。它利用在电子商务中非常流行的网络客户呼叫中心软件,将其装载在图书馆服务器或第三方服务器上,作为链接点嵌入图书馆主页,用户和咨询人员均通过具备 Java 功能的标准浏览器进入系统,是集电话、传真机和计算机网络等通信和办公设备于一体的交互式咨询服务,可以直接回答用户的咨询问题。用户随时通过各种通信手段进入图书馆服务系统获取信息或参考咨询;而呼叫中心记录用户的每次呼入信息,通过统计分析系统为用户服务或定期自动向用户发布新信息。其最大的特点就是能全天候提供智能化服务。

4. My library 定制服务

My library 是图书馆个性化的创新概念,美国图书馆界早在 1997 年就开始这个项目的研发,目前国内外许多图书馆都开通了此项服务。该系统由 Mylinks 和 MyUpdates 两个工具组成,Mylinks(我的链接)是一个让用户来搜集、组织个人使用资源的工具。它允许用户搜集、组织数字图书馆和因特网上的数字化资源,并允许用户将这些资源组织到其 Mylinks 的文件夹中;而 MyUpdates(我的更新)是将图书馆新到资源及时通知用户的一种工具。它允许用户确定自己的信息需求范围，并根据用户的需求定期对图书馆新到资源进行检索，当有与用户要求一致的新资源检出时，系统会自动用电子邮件的形式通知用户。

3.3.5 企业信息资源服务①

充分利用图书馆的信息服务功能，努力开发网络信息资源，积极有效开展信息服务，满足企业信息需求，把科技信息变为生产力，使图书馆在信息化、数字化、网络化时代更好地为我国经济建设发挥更大作用。

1. 共同创建有效的人力资源共享机制，使专家成为服务终端

在众多资源中，人是最重要的资源。信息服务人员的素质是决定企业信息质量的主要因素，如果没有掌握大量信息和信息技术的人才，再先进的高新技术也无用武之地。一批掌握文献信息资源建设、管理知识，了解前沿动态，具有研究能力，并能开发应用信息网络技术，熟练操作计算机，有相应外语水平的人才，是新时期做好信息工作的基础。但是，任何一个图书馆与企业也不可能独自拥有所有人才来满足用户的不同需求，图书馆、企业之间必须走人力资源合作共享之路，互相补充，共建共享。社会是一个由多种要素构成的巨大系统，有效的人力资源机制的建立，有助于系统内部各种要素的协调，调动更多的人积极进行创新实践，从而推动整个人类社会的进步和发展。

图书馆通过这一系统的运作，把一批技术、管理、法律、财务等各行各业的专家通过网络链接在一起，建立一支拥有网络共享专家队伍的服务平台，参与企业长远规划和总目标的决策。

2. 加强信息资源整合，建立网上信息交流

这一工作的重点是采集相关企业运行的动态信息，选择有利用价值的内容进行收集和整理；对因特网上的有关信息资源进行详细的调查，将企业动态、科研成果、新产品等信息展现给企业用户；加强主要

---

① 林霞，苏海宽．图书馆面向企业用户信息需求的模式研究——构建网上企业信息资源共建共享系统．现代情报，2007(4)

专业科技信息资源的收集、加工和传播，面向新技术与新产品的研究开发，建立新型多元化的科技转化、推广应用的服务体系；在信息、技术、培训、实现购销一体化方面提供综合服务等，从而形成技术开发与应用的良性互动循环。其内容主要涉及提供政策信息、市场动态信息、趋势预测信息、竞争分析信息、企业文化信息、产品供求信息、合作项目信息等内容，逐步建成有较广覆盖面的网络信息交流平台。

3. 建立入网企业档案库，提供个性化服务

个性化信息服务是一种能够满足用户个体信息需求的服务方式。它根据用户提出的明确要求提供准确的信息服务，或者通过对用户专业特征、经营方向、市场定位、技术层次等方面的分析，主动地向用户推荐其可能需要的信息。其主要内容包括：根据各企业用户的需求，主动为企业选择最需要的资源；跟踪企业需求的变化，高时效性地为企业提供最快捷、最方便、最易用的信息服务；根据服务项目发展进程和不同阶段，提供对口的信息检索、分析等一条龙服务；通过多种途径，运用多种技术方法，开展数据检索、信息分析、课题论证和跟踪服务等工作。

3.3.6 信息资源市场推广合作伙伴的选择①

理想的合作伙伴应具备的条件——就图书馆的市场推广而言，较理想的合作伙伴应该具备以下条件：

- 与信息产品的目标顾客有较密切的关系；
- 经营场所的地理位置较理想；
- 市场渗透能力较强；
- 有训练有素的销售队伍和必要的设施；
- 在用户中声誉较好。

上述多项条件，具备或部分具备者均可列入选择范围。

在实际工作的操作中，参照以上条件，不妨将如下合作关系作为

① 刘沫. 图书馆信息产品市场推广的新思考. 图书馆论坛，2001，21(1)

拓展产品营销市场的新尝试：

1. 与相关行业、机构的合作

即面对所开发的信息产品，根据其内容所属的行业类别，寻找与其相关的行业或机构作为合作对象来进行市场开拓。如房地产信息产品可与建委、房地产交易中心或购房俱乐部合作推广；旅游、酒店信息产品可与旅行社或酒店管理公司合作推广；商业信息产品可与商业协会等机构合作推广等等。这些合作对象与信息产品的目标顾客关系较为密切，本行业（系统）的市场渗透能力较强，有着较为稳固的客户网。并且这种行业网不仅限于本地区，还可辐射到其他地区。同时，合作对象还能提供信息交流，将所属行业的动态信息以及客户对信息产品的意见和要求及时、准确地传递给图书馆，为图书馆改进信息产品、完善营销活动提供依据。就合作方而言，也可考虑将图书馆的信息产品作为本行业本系统信息交流必备的参考，为提高行业的整体素质和市场竞争能力服务。这样，合作双方互惠互利，取长补短，既充分利用图书馆的资源优势，又积极发挥合作方的市场优势。

2. 与专业信息机构的合作

专业信息机构有着一批训练有素的从业人员，其市场调研、市场渗透能力、公关能力均是一般的非专业人员所不能比拟的。因而，图书馆的信息产品从前期的市场调查，产品定位，到后期的市场推广均可尝试与信息机构合作，尤其是前期的市场需求调查与预测，是做好市场推广决策的前提，需要投入较多的人力、物力，对来自市场的大量信息进行收集、整理、分析与研究，在此基础上才能提出正确和切实可行的产品计划，进而正确设计和选择销售渠道。如果信息机构能参与其中，则调查与预测的全面性、准确性将大为提高，也更有利于图书馆最终作出科学的营销决策。

3. 与图书馆同行业的合作

在图书馆界，资源共享已经形成共识，人们认识到当今的图书馆应该是一个无边界、大图书馆的概念，所有图书馆只是整个网络中的一员。因而在进行本馆业务发展规划的时候，应把自己的业务活动与整个网络系统联系起来。信息产品的开发与推广理所当然也应属于这个网络系统的范畴。因为图书馆界的资源共享不应仅仅体现在联合目录、信息检索、馆际互借等方面,在信息产品的开发和市场推广中也应携起手来,优势互补,一家(或几家)联合推出某种信息产品,其他馆可在自己所辖范围进行推广。因为各图书馆几乎有着共同的优势,即区域优势、场地优势、人才优势以及图书馆的形象优势和众多的读者、用户等,这又是其他行业包括其他信息机构所不可替代的。

4. 对外招聘销售人员

要培养一个称职的推销人员不仅耗费大,而且非常难。鉴于图书馆从业人员推销成本较高,且相关人员的推销素质所限,也可尝试对外招聘一些善于与人交流、交谈,了解顾客的心理、擅长辞令,具备一定的表达、说服能力的推销人员,对产品进行销售、开拓和宣传。因为人员销售毕竟是市场营销中最重要的促销工具之一,随着市场经济的全面推行与实施,人员销售日趋重要,特别是一些专业性强的产品,人员推销已经成为开拓市场的重要途径。

以上合作对象,都是图书馆进行信息产品市场推广所应该加以考虑的。它们所具有的接近目标市场的优势和对于市场需求的预测,以及丰富的销售经验等,能为信息产品的生产者(图书馆)节省花费在市场销售上的时间和经费,从而可以集中精力从事产品的开发和产品质量的不断完善。

当然,在选择合作伙伴的同时,还应对双方各自应尽的责任和义务、推销经费的分配、产品的定价以及销售完成后的利益分成等进行协商。双方本着风险共担、利益共享的原则,互相激励、互相监督,最终以书面协议的形式加以明确。

3.3.7 读者信息需求与培训

1. 读者信息需求

读者的信息需求伴随着日益增强的社会信息化程度而趋向于多元化。图书馆想要吸引读者、留住读者就必须了解影响读者信息需求的因素及其变化规律,从而将读者的需求与文献的传递紧密结合起来。读者的信息需求可划分为两种:现有需求与潜在需求。对那些读者主动提出的尚未得到满足的现有需求,图书馆必须认真对待,尽最大的努力来满足。而对于那些读者尚未表达出来的潜在需求,要善于挖掘、唤醒并积极引导,用以不断完善读者信息服务工作。

读者信息需求的类型:

• 对信息资源的需求

不同载体的信息资源:传统印刷型文献如图书、报刊(剪报资料)等,声像型文献如讲座、纪录片、电影、教学视频等,多媒体电子文献如网络数字信息、联机数据库、光盘数据库等,特种文献如缩微资料、光盘制品、盲文资料、书画资料、软件资料等。

不同主题的信息资源:参考工具书、地方性文献资料、政府信息、商业信息、学习资料、音乐资料、其他语言资料、玩具等。

• 对信息服务的需求

被动式信息服务:传统文献借阅、问答式参考咨询服务。

主动式信息服务:专题信息推送、流动图书馆、主题书展等。

• 对信息系统的需求

图书馆信息系统逐步向共享性、便捷性、网络化方向发展,信息系统能否适应新形式信息资源的要求,也是决定对信息系统满意度的重要因素。

读者信息服务满意度评价内容:

• 对信息产品的满意:具体包含信息产品的时效性、完整性、正确性以及各类载体信息的易用性等指标。

• 对信息服务的满意:具体包含服务人员的友好性、服务的努力程度、服务的及时性、服务的可信赖性、工作人员的知识结构、对用户需求的了解、服务是否具有个性化等。

• 对信息系统的满意:主要包含信息库内容的全面性、准度、精度、客观性、关联性、及时性,信息系统的易用性,以及获取信息的便捷度及安全性等内容。

2. 读者培训

读者培训是图书馆为提高用户的信息素养而开展的各种形式的教育培训活动。图书馆读者培训内容应及时反映图书馆的最新变化，如新开展的业务，新近购买的数据库等。同时，在开展培训的过程中，应尽量使用现代化设备和手段，如采用一些课件，或进行现场演示以达到理想效果。此外，针对不同的对象，培训内容应有不同的侧重点，如进行网上信息检索培训时，对中老年读者，应侧重于常用数据库操作方法的介绍，而对于青年读者则应着重于检索策略的制定以及具体的检索技巧。

丰富的馆藏资源是满足读者信息需求的基础，但同时也对读者的检索能力提出了更高的要求。要想提高馆藏资源利用率，让读者深入地了解、认识图书馆提供的各种信息服务，更好地发挥图书馆的教育职能和服务职能，就必须通过各种方式对读者进行广泛的、多层次的培训，帮助他们掌握最新的检索技术，从而拓宽其获取知识的渠道和方法。

读者培训的主要内容：①

• 图书馆入门教育

可通过向读者发送图书馆使用指南参观图书馆与指导介绍相结合的方式，培养用户最基本的信息获取能力与信息接受意识。

• 文献检索技能培养

指对用户进行文献检索知识的讲解和指导，引导和帮助他们利用检索工具进行检索。

• 培养用户的信息认知能力

包括传统的图书馆利用能力以及计算机操作能力，另外图书馆还应帮助用户具备以下几个方面的能力：①能够认识到信息有助于决策，正确的信息能使事情完成得更好；②能够以批判的眼光来评价信息；③有能力处理信息；④能有效地使用和交流信息。

---

① 周小延. 新形势下图书馆用户的培训. 情报资料工作，2004(S1)

• 及时介绍馆内新增业务

对于图书馆增加的新业务,一定要做好宣传和培训工作。

• 定期的培训讲座

这是图书馆最常用的用户培训形式,其优点是面对面、直观、易于交流。此外还可举办有关网上信息的知识讲座,向科研人员推广最新的信息资源和信息技术。

• 利用图书馆的 Web 页面,开展网上教学

用户利用图书馆的数字信息资源时,首先面对的就是图书馆的 Web 页面。将用户培训内容融入到图书馆的 Web 页面中,供用户随时随地参考、查询是最为经济的用户培训方式。例如:可将用户在利用图书馆信息资源过程中经常遇到的问题及其解决办法,在页面上做成相关链接,予以简洁明了的说明。

• 利用 E-mail 开展用户培训

E-mail 因其传输速度快、使用方便等特点而深受用户喜爱。由于个体差异,用户在使用图书馆的过程中总会提出一些不同的问题,因此设立电子邮箱接收用户提问并与其交流,也是一种必不可少的用户培训方式。该方式的优点是针对性强,能够解决用户实际操作中的具体问题。

• 编写发送图书馆宣传材料

通过编写图书馆概况、图书馆使用指南、图书信息、图书馆书目等小册子进行宣传教育,来提高用户的情报意识,指导科研人员对图书资料的选择。除此之外,还可以通过宣传栏、知识竞赛等简便易行、灵活多样的形式来宣传各种信息,引导用户积极有效地利用图书馆。

4 特色馆藏信息资源建设实务

图书馆馆藏特色文献,填补了普通馆藏所不能涉及的知识信息领域,为专业人士研究提供信息支持,从特殊群体文献需求的角度出发,弥补了普通馆藏的不足。特殊馆藏是稀缺馆藏,其价值相对较高,而且获取的渠道也非常有限,因此它的采集与利用更应该受到广泛的重视。

4.1 地方文献建设

地方文献反映一个特定地区在经济、政治、历史、文教以及科学技术方面的情况,是该地区社会发展的一个缩影,也反映该地区的文化深层结构。①

图书馆地方文献是一定区域风貌的"百科全书",它反映了特定区域内的自然环境、社会环境的沿革、发展和现状;是衡量一个地区、一个系统、一个单位的文化、科学、教育水平的标志之一;是认识地方、了解地方和宣传地方的可靠资料;是当地党和政府以及有关部门制定本地国民经济计划和进行决策的参考依据。它在研究、开发利用地区自然资源、文化资源和人才资源等方面,将会发挥积极的社会作用。②

4.1.1 地方文献数据库专题集藏

地方文献由于具有鲜明的地方特色,具有在整个藏书体系中的唯一性,以特色参与共享,建设专题数据库,应成为基层图书馆地方文献

---

① 周传清,肖雪梅.略论地方文献与地方文化产业的发展.四川图书馆学报,2005(1)

② 潘仁彬.图书馆地方文献建设探讨.http://www.lwwzx.com/Freepaper/3965.htm

建设工作的重点。

大多数基层图书馆收藏地方文献的历史短，积累的地方文献资料不多，甚至基本是从零开始。如果开展大而全的地方文献收集工作，一般会很困难，不易取得成果。从集藏专题文献入手较易，也容易得到大家的认同。随着计算机的应用和网络的出现，基层图书馆集藏地方文献信息资源的弱势有望改变，甚至可能变为强项。图书馆地方文献的集藏工作不改变收藏地点，不改变所有权。

地方文献数据库应该是开放式的、共建共享型的。读者在利用的同时，还应该提供自己所拥有的地方文献。就是说，既要“下载”，也要“上传”，这对地方文献数据库的建设尤为重要。地方文献的特点是非公开发行的文献居多，数量多且分散，收集极为不易。如果与读者合作，在文献收集方面得到读者的大力协作，地方文献数据库建设工作就能做得更好。[①]

4.1.2 地方文献建设的主要内容[②]

地方文献的内容非常丰富，它几乎包括社会科学与自然科学各个领域。地方文献的内容包括以下几个方面：

• 地方年鉴。它是以时间为单位，系统地汇集一年内某一区域的重要文献和各项统计资料，是一个地区在一定时间内发展过程的一个缩影。

• 地方报刊。指地方党政领导部门、机关团体以及私人编辑发行的报纸刊物。一般包括当地政府机关发布的指示、文件、报告、法规、人事任免、财贸、文教、卫生、体育等，具有新闻性、区域性、史料性和连续性。地方报纸的类型有：日报（晚报）、周报、月报等。地方刊物的类型有：通报、公报、学刊、会刊、年刊、丛刊、特刊等。

• 地方丛书。凡某一地方历代出版机构、其他机构以及私人的出版物，皆可视为地方出版物，地方出版物亦能反映该地雕版、印刷水

① 俞红国. 高校图书馆地方文献专题数据库建设探讨. 图书馆学刊，2003(4)

② 郭桂荣. 图书馆地方文献建设的内容与途径. 兵团党校学报，2003(1)

平。凡论及某一地方的专著、专文，散见在书刊上的文章、图片以及某些书刊中的有关章节、段落都应属于这个范围。

• 地方史料。主要指总论、专论或内容涉及某一地区政治、经济、文化、风俗、历史、资源等文献资料。在文献的表现方式上有地方志、地方史、大事记、地方统计年鉴、区域经济以及地方风情等。这些文献，能从宏观或微观上反映一个地区的过去、现在与未来，对认识与开发某一地区的经济，具有重要的意义。

• 地方人士的著述。这里所指的地方人士，一般以籍贯作为划分标准，他们的著述应包括文集、专著、论文、诗词、信札等。反映他们一生的传记、传略、评传、年谱、家谱等，无疑都是研究该地区历史发展的重要文献。地方人士还包括原籍虽不在该地但曾在该地任职、居住，并有相当影响的人。之所以将地方人士的著述列为地方文献，是因为这些人士的著述与该地的政治、经济、军事、文化、历史等，往往有着相当密切的关系。

4.1.3 地方文献的建设方法①

图书馆应当从以下几个方面来保证地方文献收集整理与使用的完整性和系统性：

• 通过呈缴样本制度的建立，利用政府行为保证地方文献采集的完整性和系统性。这种呈缴样本制度，不应仅局限于地方出版社的出版物，也应包括各级政府和企事业单位、科研学术部门编撰的图书、期刊、报纸、资料等（对有密级的资料，应进行技术性处理，确保机密）。另外，与有关部门建立资料交换关系，定期走访基层行政部门、企事业单位以及古旧书店、书市、书摊等与地方文献的生产、流通、集散密切相关的环节，开展调查、追踪与收集，对濒于灭绝的地方文献进行抢救。对一些发行量小的地方文献资料可进行复印收集。

保证必要的经费，疏通捐赠渠道。资金不足是目前各图书馆普遍

---

① 郭桂荣.图书馆地方文献建设的内容与途径.兵团党校学报，2003(1)

存在的问题，在保证重要文献征订、购买的前提下，图书馆要与基层企事业单位保持密切联系。各单位除了呈缴规定的文献外，还应主动捐赠呈缴范围外的文献资料。通过捐赠渠道，某些珍贵的具有历史意义的文献成为图书馆馆藏。个人捐赠也是地方文献采集的重要途径，图书馆建立起完善的地方文库就可以起到筑巢引凤的作用，吸引地方的领导、作家、收藏家主动将自己的著作和藏品捐赠进来，从而极大地丰富馆藏。

• 积极参与地方学术团体、研究部门、企事业单位召开的学术会议，以及各种展览、纪念性活动，广泛收集各种学术的、经济的和社会的资料，并应注意对有关地方人物的采访，通过主动收集、编撰，抢救地方文献史料。

• 构建地方文献采集协作网络。征集地方文献的工作量大、涉及面广、出版单位多，特别是地方文献中很大一部分是非正式出版物，印刷数量少，多数为一次性刊印版，基本上是在本地区或本行业范围内散发，发行途径不畅，获取的难度大。因此，公共图书馆可以通过新闻出版管理部门了解内部图书、期刊、报纸的出版情况，主动与本地区内的地方史志办、党史办、科委、政协文史委、学术团体、研究机构、教育行政部门、大中专学校、大中型企业等单位和部门加强协作，密切联系，建立长期、固定的联系合作网络，构建地方文献采集网络。同时，建立地方文献信息专家联络系统，将地方名流、专业作家以及相关企事业单位组织在一起，疏通采集信息通道，构建和完善信息采集系统，迅速、全面地采集地方文献资源。

• 加强馆际协作，促进地方文献的交流。各图书馆既要做好本系统内的协作，还要与本地区其他图书馆建立协作关系，双方互通信息，主动索取或赠送，以共同充实馆藏。另外，还要注意与档案馆、博物馆、文管所等单位之间的协作，通过协商进行大体分工，同时编制馆际联合目录，谋求较大范围内的地方文献资源共享。

• 培养一支收集、整理、加工、研究、开发地方文献资源的专业技术队伍。地方文献的研究、收集、加工和开发，需要一支高素质的专业队伍。由专人负责地方文献的收集工作，通过征订、采访交换、呈缴等多种途径进行收集。此外，工作人员要有一定的研究开发能力，有敏锐的信息意识和地方文献捕捉能力，具有较强的综合分析能力和文献鉴别能力，能够维系公共关系，拓展用户群体，并能掌握基本的计算机信息处理技术。

• 设立地方文献专藏。凡是本馆已入藏的地方文献应设立专藏，基层图书馆可设专柜、专架。考虑到有些资料是善本书、丛书、连续出版物或复本很少等情况，也可采用缩微照相、静电复制等办法进行复制，将复制件存入专藏。

在收集原则上，要确保重点，涉及一般。建立具有特色的地方文献资料库，其重点应放在与地方经济、政治、历史、文献有关的学科上。

4.2 民族文献建设

凡是反映和描述有关各少数民族文化生态（包括民俗、法规、哲学、宗教、文学、艺术、经济、教育诸多内容）和自然生态的文献都称为民族文献。民族文献不受文种的制约也不受文献类型的制约。[①]

民族文献建设要充分考虑到民族文献资源的特色，例如地域特色、民族特色、时代特色、多样性特色、资料性特色等。

常见的民族语言文种有：土耳其文、波斯文、维文、阿拉伯文、塔塔尔文、哈文、藏文、蒙文、满文、朝文、傣文、察哈台文、乌孜别克文、彝文、印度文、柯文、景颇文、傈僳族音节文字等等。

民族文献的收集渠道包括：[②]

• 紧密联系民族文献出版发行机构，定期收集更新馆藏；

---

① 子莫伍果，安群英．民族文献资源初探．西南民族学院学报（哲学社会科学版），1994（3）

② 谷遇春，郑英杰．关于民族地区图书馆的民族地方文献建设．图书情报工作，2002（5）

• 了解同类民族文献收藏单位的信息资源，加强馆际合作，共建共享；

• 深入民间广泛搜集；

• 与民族地方文献研究专家建立联系，及时为他们提供最新资料，也希望他们经常反馈信息给图书馆，包括学术活动、研究进展、民间收藏、个人成果等。

【实例】

赫哲族非物质文化遗产"特色数据库"

赫哲族是中国少数民族中人口较少的民族之一，主要分布在黑龙江省的饶河、抚远两县，人口居中国56个民族的第55位，是中国北方唯一依靠渔猎为生的民族。赫哲族有语言，没有文字，主要是靠口头传授本民族语言。沿江而居的赫哲人现仍以渔业为主，以渔业经济为核心，形成了赫哲族独特而丰富的民族文化。

一、赫哲族语言数据库

由于赫哲族是只有语言没有文字，只能靠口头传授的方式保留下来，因此，数据库采用的音频数据库形式。赫哲族语言的音频资料是由经验丰富的、被国家授予"伊玛堪"传承人的吴明新老师进行录制的。赫哲族语言八百句，将其音频资料选用最贴近赫哲族发音的音标进行标注并翻译成汉字形式，采用赫、汉和语音对照，这对赫哲族语言的长期保留有着十分重要的意义。

二、生活习俗数据库

1. 饮食文化(食鱼文化)

赫哲族在不同季节，菜肴也不尽相同。开江时吃开江鲤鱼杀的生鱼；到秋天捕捞大马哈鱼包饺子或大马哈鱼丸子，冬天则用新捕捞到的冷水鱼来削冻鱼片，无论何时到赫哲族家做客，都有一道必不可少的菜，那便是上整条鱼。由于赫哲族居住的地方处于寒温带，气候寒冷加之特殊的生产生活方式，使得赫哲族喝酒的习惯由来已久。捕鱼季节，人们起得很早，天气寒冷，春秋两季气温也比较低，冬季要在冰上捕鱼作业，喝酒可以加速血液循环，保持恒定的体温。

2. 居住文化

赫哲族人有三种比较古老的建筑形式，一种是穴居式的家庭较为固定的日常住宅；二是临时的渔猎生产用的住宅；三是放置家用粮食以及工具的仓储建筑和辅助性建筑。

3. 交通文化

居住在三江流域的赫哲族，在漫长的历史岁月中，为适应其居住地高纬度、多水网、多冰雪的环境，形成了夏季以舟船为主要交通工具；冬季以滑雪板、狗拉雪橇为主要交通工具的生活习俗。

生活习俗数据库是通过在赫哲族地区采集的饮食文化、居住文化、交通文化图片和录音资料，并将口头叙述变成文字资料，参考有关介绍赫哲族民居日常生活资料的形式进行建设，针对有代表性的食品、居住环境、交通工具进行重点说明加工过程和做法，以图片和文字对照的形式重点介绍。

三、民间造型艺术数据库(服饰、工艺美术文化)

1. 赫哲族服饰(鱼皮、兽皮文化)

鱼皮衣是赫哲族文化的重要标志。赫哲人是今天世界上唯一拥有鱼皮服饰的民族，鱼皮服饰不仅是中国北方民族服饰中最具特色的精品，同时，在世界服饰文化上也独树一帜。从而成为一朵美丽而罕见的文化奇葩。此外，不仅服饰面料为鱼皮材料，服饰制作的辅助材料也来自鱼——鱼骨、鱼刺被磨砺成扣子、身佩、头佩、项饰、胸饰、腰饰等饰物。赫哲族早年的衣服、被褥多是用鱼、兽皮制成，故有“鱼皮部”之称。因此，有冬衣兽皮，夏衣鱼皮之称。

2. 工艺美术文化

赫哲族与桦树结下了不解之缘，创造了别具一格的桦树皮文化。其特点一是用桦树皮制作的各种容器，质轻、便于携带；二是造型美观、做工精细，雕有精美的花纹和图案；三是赫哲族的桦皮器皿，作为一种文化现象，具有双重文化性，它既是物质文化的产物，又是精神文化的产物，使用价值是第一性的，审美价值是第二性的。

民间造型艺术数据库用收集的图片、录像资料加文字说明的形式进行分类建设。

3. 民间艺术数据库（歌舞、戏剧文化）

赫哲族有许多民间艺人和独特的说唱形式，记录着本民族的发展历史，为了能让这些珍贵的资料被更多人了解，通过田野调查、人物采访获得民间歌舞的原始材料，我们先将其中的照片、音像、光盘等资料进行整理，保持“原汁原味”，将口述资料文字化，然后将其按照内容进行分类、建立文字和数字多媒体形式的特色数据库。

4. 民俗、宗教数据库（民俗、节日庆典、宗教信仰文化）

赫哲族信仰萨满教，收集萨满的各种用具：神鼓、鼓槌、神帽、神裙、腰铃、铜镜、神杖等。赫哲族实行氏族外婚、一夫一妻、父母包办的婚姻制度。赫哲族的节日有春节、元宵、清明、端午、中秋等，这些节日最为隆重的是春节。节日期间有唱歌、弹口弦琴、说唱“伊玛堪”等娱乐活动。

赫哲族特色数据库，首先利用清华同方 TPI 数字图书馆平台将搜集的口头资料文字化、照片、录音、录像、光盘等资料，经过各种数据转换发布在系统构建的特色数据库上，实现网站信息的发布与管理。其次建立 Web 访问数据库的账号及操作员账号，前者允许限定账号的有效期限及指定访问的数据库，还可以通过 IP 地址限定访问者的范围。最后进行数据库的分类管理，建立分类导航树。导航树将会直接和分类结果一一对应，用户就可以在 Web 页面上直接按照导航树检索，用户也可以输入检索词进行检索。利用清华同方 TPI 数字图书馆平台的光盘出版工具(CDPT)，把数据以光盘的形式进行发布，用户拿到光盘后只需要简单地安装，就能进行分类导航、专项检索、组合检索、原文浏览等操作。①

4.3 公共图书馆与政府信息公开②

《中华人民共和国政府信息公开条例》(以下简称《条例》)已于2008年5月1日起施行，其中，第三章"公开的方式和程序"等十六条规定，"各级人民政府应当在国家档案馆、公共图书馆设置政府信息查阅场所，并配备相应的设施、设备，为公民、法人或者其他组织获取政府信息提供便利"。"行政机关，应当及时向国家档案馆、公共图书馆提供主动公开的政府信息"。利用公共图书馆公开政府信息已成为政府信息公开的一种法定方式。从公共图书馆的性质来说，公共图书馆应当承担政府信息公开的职责，公共图书馆在政府信息公开中只是一个形式上的主体，利用公共图书馆公开政府信息应遵循人本、免费、及时原则，承担政府信息公开对公共图书馆的管理与服务又提出了许多新的要求。

对照《条例》的有关规定，立足中国现实，参考国际经验，我国各级公共图书馆目前开展政府信息服务的主要内容包括以下几个方面：

1. 发挥自身专业优势对政府信息进行科学组织、加工整合、深度揭示以方便利用

主要工作包括：基于统一的元数据标准，根据当地的实际情况，形成当地政府信息公开的分类体系；对政府信息作出深度标引，设计多途径、多角度的索引方式，形成方便检索的政府信息检索平台或数据

---

① 郭佳慧. 数据挖掘技术在数字图书馆中的实现. 农业图书情报学刊，2008(9)

② 李国新，于良芝，徐珊. 公共图书馆与政府信息公开. 中国图书馆学报，2008(3)

库。还可以借鉴国外的经验,不定期地就某些重要问题、热点问题,整合或编纂专题性的政府信息汇编,或形成累积性的专题资料数据库。如日本国立国会图书馆的“议会官厅资料室”就在积累政府信息资料的基础上,编纂了《内阁决定文献目录》《日本未批准的国际条约一览》,开发出了“日本法令索引数据库”、“国会会议录检索系统”等。

2. 创新公共图书馆政府信息服务的方式

公共图书馆必须改变把政府信息服务简单地理解成是政府主动公开信息的阅览室陈列展示、被动利用的观念和做法。明确、有效、高质量的政府信息服务,才是公共图书馆开展这项工作的真正优势,才是吸引公众选择通过公共图书馆利用政府信息的真正动力。借鉴国外的经验,我国各级公共图书馆的政府信息服务目前至少应在以下几方面大力推进:(1)为公众获取和利用政府信息提供咨询,这是公共图书馆参考咨询工作新的生长点。咨询的内容是多方面的,既包括政府信息检索、获取咨询,又包括政府服务引导咨询(帮助用户确定解决其问题的政府部门)、电子政务使用咨询,还包括政府政策顾问等。公共图书馆应逐步培养出一些熟悉政府政策的专家型参考咨询馆员。(2)为政府信息获取和电子政务利用的困难人群提供帮助。包括为低文化素养者、残疾人提供检索、获取、阅读、利用方面的帮助,为信息技能或信息条件困难者提供设备、条件和获取、利用方面的帮助等。近年来,我国政府网站的数量迅速增加,但使用率却不高。调查显示,25.4%的网民访问过政府网站,其中只有2.5%的网民利用电子政务项目办理过申请、注册、登记、审批等事项,大量的电子政务项目处于闲置浪费的状态。按规划,“十一五”期间我国的政府网站将实现50%以上的行政许可项目在线处理,提供电子政务项目将成为通过政府网站实现政府信息公开的重要形式。在这样的背景下,公共图书馆完全可以发挥自身的优势,对政府网站上的电子政务应用项目加以集中、整合,帮助读者有效地利用电子政务项目,这不仅对提高电子政务项目的使用率有重要作用,而且也体现了公共图书馆的政府信息服务普遍均等、惠及全民,实现和保障公众基本信息权利的特点。(3)以公共图书馆为阵地,组织多种形式的“发布会”、“宣讲报告”、“专题讲座”等,向社会公众发布、解说、宣讲重要政策、热点话题和焦点问题,深化政府信息公开的内容与形式。

3. 积极介入当地政府信息公开目录、指南、索引、摘要的编制工作,提高工作质量,降低社会成本

《条例》第 19 条规定行政机关应编制政府信息公开指南和政府信息公开目录。政府信息公开指南包括政府信息的分类、编排体系、获取方式等,政府信息公开目录包括政府信息的索引、摘要、概述等。按照《条例》的规定,这项工作的责任主体是行政机关,并不是公共图书馆,但是,两个原因决定了各级公共图书馆应该以积极的态度介入这项工作。首先是这项工作的性质与公共图书馆的核心业务能力相吻合。由图书馆的专业人员设计分类体系、编排方式,编制目录索引、摘要概述等,肯定比非专业人士更有质量保证。其次是目前许多行政机关另起炉灶新设机构、新建队伍来做这项工作,其实是一种人财物资源的浪费。如果行政机关把这项工作指定或委托给当地的公共图书馆来做,需要的人财物投入会大幅度减少,无疑是一种最节约社会成本的选择。

4.4 古籍

我们一般认定:1911 年前成书的图书为古籍。图书馆中收藏的古籍都会被作为珍品特藏的镇馆之宝。古籍的印刷形式主要有 3 种:雕版印刷、活字印刷、套版印刷。常见形制包括:卷轴装、册叶装、包背装、蝴蝶装、线装等。

由于古籍非常珍贵,其来源主要以捐赠或传承的方式收藏。因此,收藏有古籍的图书馆必须具备一定的古籍保存、保护及修复的技术。出于保护的目的,古籍一般采用闭架管理的方式,可供读者查阅的也多为影印本古籍。

随着文献电子化范围的拓展，古籍电子目录（善本目录、普通古籍目录等）以及电子版古籍相继出现并逐步完善。

《中国基本古籍库》是查找古籍的基本工具，共收录上自先秦下至民国的历代典籍一万余种，每种均提供一个通行版本的全文信息和一至两个重要版本的原文图像，共包括各类善本 15000 余个，总计全文约二十亿字，图像约两千万页。收录范围涵盖全部中国历史与文化，内容总量约等于三部四库全书，包括 4 个子库、20 个大类、100 个细目，并拥有 3 种检索方法、9 种基本功能、4 个辅助工具和 3 个特有机制。

【实例】

法国古籍保护工作概况①

法国长期以来就有系统保存档案资料和印刷文献的传统，在特殊的社会历史背景和政治经济制度下，法国政府的古籍保护工作有其独有的特色。

法国国家图书馆与所有的市政图书馆现存约有 4000 万册件 20 世纪以前的古书。除了国家图书馆系统与国家档案馆系统之外，还有一大批藏书丰富的机构，如法兰西学院图书馆等等。

法国国家图书馆的大部分藏书和文献是通过书籍征集制度或者缴送制度得到的，个人捐赠也是藏书的重要来源。从 1968 年开始，法国实行“以捐代税”制度，即财产继承人在由专门的政府部门批准的情况下，可以通过向国家捐赠珍贵历史文献或艺术作品的方式来抵消遗产税。从 1988 年开始，在法国文化部的支持下，当代出版物备查中心在各地成立 。这些中心采用流行的“寄存原则”，即在财产权不变的

① 李永. 法国古籍保护工作概况. 国家图书馆学刊，2009（2）

前提下，私人或者企业可以将自己的藏书寄存在一些图书馆中。这样既可以享受专业的保护又可以向书籍研究者提供方便。

法国的市场上也有古籍流通，国家会通过购买的形式来充实图书馆、档案馆的库存。在拍卖中，为了弥补国家的补助不足，法国1921年的法律赋予了国家“先购权”：国家在不参与文物竞标的情况下，可以享受中标者的待遇，以最后一次成交的价格购入文物。另外，法国在殖民时期，从其他国家掠夺了相当数量的其他民族古籍，比如法国国家图书馆收藏的敦煌文献，主要包括伯希和于1908年从莫高窟获取的汉文文献4000多件，藏文文献40 130多件，还有其他粟特、龟兹、回鹘、西夏文文献等 。

法国的古籍保护和修复工作及古籍的大众传播都是在本国和国际的法律框架约束下进行的，同时也得到了各级政府和各种私人机构的大力支持。从20世纪70年代开始，法国政府最关注的是工业化时代出版书籍的酸化问题。法国在书籍的去酸化上投入了大量人力物力，希望能够与时间赛跑，赶在书籍损毁之前完成去酸化处理。目前，法国国家图书馆的去酸能力处于世界一流水平。

古籍的修复工作主要是在专业化作坊中通过大量的手工操作完成的。这项浩大的工程由法国文化部及其下属的书籍与阅读处统筹领导，并与其他部门合作。目前，法国境内任何一项修复计划都要经过国家公共图书馆文物保护科学会议下属的修复技术委员会批准。如果需要修复的古籍属于国家的库存，则国家负担所有费用；如果属于市镇图书馆库存，则国家负担30%到50%的费用。

如何兼顾古籍的保护与大众传播是世界各国图书馆面临的难题。近年来，法国将数字化技术广泛运用，一方面更好地保护文化遗产，一方面也大大方便了公众接近并使用这些遗产。一系列网上数据库已经投入运行,一项名为"数字化遗产"的计划也已经与读者见面。2007 年 7 月启动的欧盟数字图书馆规模最为宏大。

4.5 其他特殊馆藏

馆史资料。

珍贵馆藏:名人字画、善本、拓本。

工具书:词典、资料汇编、年鉴、百科全书、年度报告、书目索引、图谱等。其中年鉴除了印刷版年鉴外,还可以订购数据库:中国年鉴全文数据库、中国法律年鉴、中国统计数据库等。

标准馆藏:印刷型标准文献资料、标准数据库、网上免费标准查询网站。例如:万方数字资源系统——中外标准类数据库、IEEE/IET Electronic Library(IEL)全文数据库、国家标准化管理委员会网站、中国环境标准网、中国标准化研究院、国家科技图书文献中心《国外标准库》、国际标准化组织(ISO)、世界标准服务网(WSSN)等。

随书光盘网络化管理方法。

(1)利用磁盘阵列技术管理随书光盘

磁盘阵列是一种把若干硬磁盘驱动器按照一定要求组成一个整体,整个磁盘阵列由阵列控制器管理的系统。磁盘阵列有许多优点:首先,提高了存储容量;其次,多台磁盘驱动器可并行工作,提高了数据传输率。湖南农业大学图书馆是采用磁盘阵列镜像光盘数据技术。对附书光盘进行压缩处理后,利用网络光盘镜像服务器上自带的光驱或电脑上的光驱把书附光盘资料镜像到服务器中。

(2)创建服务器管理随书光盘

湖南农业大学图书馆采用的 FTP 服务器是为读者提供光盘镜像资源的下载,以及资源共享用的。首先配置一台服务器作为文件传输服务器,在校园网的条件下,输入湖南农业大学图书馆光盘系统的网址后，通过各种检索的方式可以搜索到所附光盘的 ISO 镜像文件。

(3)百图随书光盘管理系统

湖南农业大学教师与图书馆馆员合作开发了百图随书光盘管理系统，提出了集光盘的借、阅、藏一体化的一整套随书光盘管理解决方案。在现有图书加工方法的基础上，通过多次试验及用户试用，总结出一套方便、快捷的光盘加工流程。软件系统包括服务端、光盘资源加工、光盘流通及 web 用户端(百图 E 碟)四大模块。在光盘资源加工过程中，快捷的加工流程及相应专用设备的使用，使加工作业变得更加简单、快捷。而引入光盘单册的概念及使用条码标签等方法则彻底解决了光盘物理介质收藏的难题。读者登录系统主页后，可方便地对本馆藏随书光盘记录进行检索与浏览。

(4)书和光盘分开管理

随书光盘在内容上虽然和图书密不可分，但是却可以游离于图书之外使用，目的是为了防止光盘在随书流通过程中丢失、损坏，同时不影响读者对光盘的使用。先把光盘取出，然后对随书光盘进行登录、造册，并将光盘套上塑料外壳，然后在外包装上加上与图书相应的索书号再放入电子阅览室，形成图书和光盘异处存放，分别管理。

5 其他类型图书馆信息资源建设实务

5.1 少年儿童图书馆

5.1.1 少儿资源建设

随着科技的进步和社会的发展,少儿文献信息的特点也在发生着变化,首先是其文献信息载体形式的多样化,其次是文献内容的多样化。①

• 文献信息载体形式的多样化

随着现代化、信息化、网络化、高科技运用于知识传播,产生了不同类型的知识载体,不仅有传统的物理实体印刷型文献,还有视听型、机读型、光盘型和网络型虚拟化文献。如以培养少年儿童各种能力为目的的少年儿童创作的原始作品,如手稿、科技模型、手工制作、书画作品、摄影作品、雕刻等,将作为一种文献资源得到收藏;以启发儿童智力为目的的各种"文献化"玩具,如智力玩具、拼插玩具等,既有说明又有图形介绍,可择其有价值的作为馆藏文献。

• 发展传统图书馆,开发网络资源

随着社会网络化、信息化的不断发展,馆藏文献信息资源结构也呈现出多元化的特征。除发展传统图书馆外,还要建立虚拟图书馆,开发网上信息资源。物理实体文献和虚拟化文献并存,互为补充,为少儿读者提供全方位的知识信息。

---

① 周冬青.浅议新世纪少年儿童图书馆馆藏文献资源建设.图书馆工作与研究,2001(9)

5.1.2　少儿藏书建设原则①

• 思想性原则

图书馆的少儿藏书首先要坚持社会主义方向，体现为两个文明建设服务的原则，用马克思主义观点来鉴别书刊和资料的质量。少年儿童处于成长发育阶段，思想尚未成熟，明辨是非的能力不强。因此，在书刊的思想内容方面选择应更为慎重，要选择那些对青少年身心健康有益，促进其健康成长的书刊，避免他们接触思想不健康、格调低下、质量不高的书刊。

• 适用性原则

图书馆少儿馆藏建设要适应少年儿童的不同需求，根据其性质、任务、经费等诸多因素，有计划、有重点地收集文献资料，体现"适用"和"特色"。文献的级别以普及型为主，学科内容以基础型为主，文献载体以多样化为主。

• 系统性原则

系统性原则体现在对重点藏书全面而系统地收藏，保证藏书的质量。既要科学地反映各学科体系之间的配比和内在联系，又要注意客观地反映某学科的历史沿革和不同观点，给少儿读者展示明显、清晰的知识脉络和体系。

5.1.3　少儿藏书结构

• 藏书级别②

少儿藏书建设，应根据少年儿童的阅读特点和阅读需要，制定一个合理的藏书结构，藏书的广度和深度应体现儿童性特点。

图书馆的少儿藏书，按学科分为社会科学和自然科学；按读者对象分为少年读物、儿童读物以及低幼读物；按载体分为文字图书、视听资料；按用途分为工具书、教科书、参考书等等。根据儿童读者使用藏

---

① 马雪敏. 浅谈少儿图书馆的图书采访. 铜陵学院学报，2004(1)

② 资晓燕. 试论少年儿童图书馆藏书建设. 曲靖师专学报，1991，10(2)

书的不同知识水平，可将图书馆的少儿图书划分为以下三级藏书。

一级藏书：指能体现藏书个性的重点藏书，要求尽可能地收集全国少儿出版社出版的有关少儿读物，如果条件许可还应收藏国外优秀的少儿读物。这一类藏书，旨在普及科学文化知识，开阔视野。

二级藏书：主要指教材、教学参考书等，要有选择地采集质量较高、有参考价值的教学参考书。

三级藏书：这一类藏书的使用对象是家长、教育工作者和少儿工作者，他们担负着启发和教育少年儿童的任务，图书馆应为他们配备一些适合他们使用的图书。

• 藏书比例

少儿馆藏载体形式多样，一般以图书为主，期刊为辅，有选择、有重点地收集图片、动画片、幻灯片、视听、音像资料、缩微资料、电子文献资料。

根据实践经验和参考有关资料，少儿藏书比例可为：社科通俗读物、自然科学普及读物可占30%；中外儿童文学作品可占20%；低幼读物可占20%；连环画可占20%；其他载体可占10%。各馆可根据自己的情况，确定合理的入藏比例，还要制定合理的复本量。

• 少儿图书建设要顾及儿童各时期的心理特征与阅读特点①

0－6岁，婴幼儿时期是大脑成长的最佳时期，属于启蒙教育。要根据这一时期孩子的特点，配置色彩鲜艳的低幼儿童图画书。像立体图书、音像图书、声像资料等都能引起他们的兴趣，这些都有利于孩子将来阅读兴趣的培养。

前儿童期（学龄前和小学一、二年级的儿童），想象活动强盛，凭借具体形象来思维，认识事物富于幻想，对童话、寓言、神话故事有浓厚的兴趣。

后儿童期（小学中高年级儿童），对外界的感知能力增强，随着知识的丰富和智力的发展，以具体形象思维为主，并向抽象逻辑思维过

---

① 马雪敏. 浅谈少儿图书馆的图书采访. 铜陵学院学报，2004(1)

渡，意识的、理解的识记逐渐占主导地位，探索、创造、好奇心的欲望增长，阅读兴趣日益广泛，由童话、寓言、神话故事逐步向社会、文艺和科普读物扩展。

少年期（指11—15岁初中期的读者），阅读兴趣从儿童书籍转向成人读物，如中外名著、古今中外名人传记、科普读物、惊险侦探小说等，评价书中主人翁的心理活动，追求了解人物的内心世界和行为动机，尊敬崇拜英雄并当作学习的楷模。

此外，儿童阅读心理还存在性别差异、智力差异、人格个性差异、社会环境差异、地域、民族差异和时代差异，只有不断研究，深入认识，才能做好少儿图书的建设工作。

【实例1】

重庆市南岸区图书馆为广大少儿读者开展特色服务①

一是在馆内开设少儿阅览大厅、少儿书库、少儿免费音像制品借阅专柜，为少儿读者准备了大量健康、科普性读物；二是开展系列主题读书活动，培养孩子读书兴趣；三是馆内设立少儿辅导部，配备3名专职工作人员，并聘请200多名班主任作为兼职辅导员，做好孩子读书的"点灯人"；四是成立"家庭教育指导中心"，推出"亲子卡"，设立家庭教育图书专柜，开通家庭教育咨询热线，不断向家长推荐新书、好书；五是推出"读者需求登记"服务，为孩子找到满意的书；六是该馆在城郊的4个乡镇文化站设立图书室、在边远农村5所小学设立定期送书服务站以及在7所阳光公寓设立图书室，解决边远地区的少儿以及外来务工民工的子女看书难问题。

---

① http://www.cqna.gov.cn/news/ZWXX2006/1130/E1C46K.htm

【实例2】

儿童玩具图书馆[1]

深圳盐田区图书馆设立寓教于乐的儿童玩具图书馆，为少年儿童服务方面体现出盐田特色。儿童玩具图书馆主要是效仿香港中央图书馆的玩具图书馆的运行模式。馆中配备有各种各样的幼儿玩具，主要为2至6岁的儿童服务（儿童必须在家长的带领下一同入室）。其宗旨是让少年儿童动脑、动手，开发儿童智力，启迪儿童情趣，达到“寓教于乐”的目的。

另外，盐田区图书馆还设立有针对中学以下年龄段为对象的少儿多媒体电子阅览室和少儿礼仪培训室。

【实例3】

一些国家和地区的玩具图书馆[2]

玩具图书馆，通俗讲就是出借玩具的俱乐部，在那里，玩具被分类、编号、登记，然后出借。有的玩具图书馆还设有玩具修理部。目前，瑞士、瑞典、英国、法国等欧洲国家都普遍设有玩具图书馆，在香港，也设有一间别具特色的玩具图书馆。

瑞士的尼翁市，有一所玩具图书馆。这个馆开办不久，规模不大，约有350件玩具。30户人家参加了这个俱乐部，他们每年交付15个瑞士法郎，就可以把玩具借回家给孩子玩。如果玩具损坏了，就请小朋友带着玩具来和玩具图书馆的工作人员一起修理好，从而培养儿童爱护公物和热爱劳动的习惯。像这样的图书馆，全瑞士约有五六十家。

---

① http://info.toys.hc360.com/HTML/001/001/007/13047.htm

② 来源：中外玩具礼品网

在澳大利亚的墨尔本,玩具图书馆让人觉得很有趣。在那里,小孩子可以借玩具,两周一换,很受欢迎。家长每年只需交很少的年费,就可以带孩子去图书馆借到各式各样的玩具,还有富有教育意义的教具。玩具的种类针对从刚出生到学前的孩子们。此外,图书馆还有一些讲座,提示和告诉家长怎样和孩子们一起度过快乐的时光,鼓励和支持家长花时间和孩子们在一起游戏,寓教于乐。除了这些功用,因为孩子们的玩具多价钱不菲,玩具图书馆便可以为家庭节省很多钱,既经济又实惠。

而在香港中央图书馆所在大楼的二楼,也设有一间玩具图书馆。该馆为0—8岁的儿童,提供约一千三百件不同类型的玩具,让孩子与他们家长一同玩耍。图书馆会不时举办游戏活动和工作坊,亦会设有参考馆藏,为家长及从事儿童工作者提供与玩具及游戏有关的理论、概念、实践及技巧等资料。家长可于一星期内致电或亲临玩具图书馆预约使用。基于卫生理由,使用者须穿着袜子进入玩具图书馆。

5.2 社区图书馆①

文献信息资源是社区图书馆开展工作的物质基础,社区居民前来利用图书馆,主要依托于文献信息资源这一载体的传播。

1.统筹兼顾,明确目标

社区图书馆是社区文化的有机组成部分,服务对象是社区居民,其建设应当纳入到社区统筹规划。目前,管理者对社区图书馆的功能作用、现实意义认识上已有了较大提高。在国家相关部门颁布的社区建设指标体系中,社区图书馆建设,已成为一项必不可少的内容。文

① 陈亚文.当前社区图书馆文献信息资源建设的现状及其对策.图书馆工作与研究,2007(5)

献信息资源建设是社区图书馆的基础，应当有较为具体的、明确的目标。社区图书馆是社区服务基础设施之一，应力求统筹兼顾，这方面杭州市、宁波市的一些做法可供借鉴。如杭州市下城区在打造“社区文化信息化”建设过程中，除了把“社区文化信息化”工程建设纳入区委、区政府开展的“满意社区”、“星级社区”的创建内容外，还对社区图书馆的房屋空间面积、设施的配置、技术标准、经费、人员等指标进行具体化，并建立起验收、考核、奖励的机制。由于领导重视，措施落实，群众参与，使全区的社区图书馆建设出现了新气象。统筹兼顾不仅为社区图书馆的持续发展带来了后劲，也为图书馆的正名定位提供了依据，社区图书馆要抓住机遇，在挂出牌子的同时，要以满足社区居民需要为前提来制定并明确文献信息资源建设的目标。

2. 注重多样化，形成特色

社区居民是由不同年龄、不同性别、不同文化、不同爱好、不同职业、不同生活习惯的一个个细胞组合而成。对于社区图书馆来讲，要满足他们的需求，就必须在文献信息资源建设中注重多样化。以美国图书馆为例，其向读者提供的信息就包罗万象，除馆藏文献信息外，从小到公寓的出租，旧家具、旧汽车的买卖，大到国税局的缴税通知，从求职信息到开公司所需要的协助，从学习语言的训练班到老年健身班，无不囊括。现代生活的丰富多彩需要图书馆文献信息的多样化，而多样化的重点则要掌握以下几个方面：(1)载体形式多样化，除了传统的纸质型文献外，还应该有音像制品、光盘数据库、微缩胶片、网络信息等；(2)语种多样化，除了母语汉语文献信息外，还应该有英语、日语等文献资料；(3)文献的种类多样化，如少儿读物、成年人读物、老年人读物、地图、导游旅游图册等。总之，在文献信息资源建设中只有注重多样化才能满足社区居民各方面的需要。在注重文献信息多样化的同时，社区图书馆还应有自己的特色馆藏或拥有自己的特色。

3. 区域中心图书馆的扶持

区域中心图书馆对社区图书馆的扶持或支持是其职责。中心图书馆应发挥其藏书和管理优势,在社区设立分馆。社区图书馆在中心图书馆的协调下实行定期交换调剂图书,以满足社区居民的需求,同时还提高了文献信息资源的利用率。对新建立的社区图书馆,在藏书上给予支持,在业务上给予辅导。

4. 整合资源,互助共享

不少社区内一般都有一些部门、企事业单位的图书馆(室),或私人藏书丰富的住户。为了调动社区内居民、单位的积极性,使其能热情地投入、参与社区图书馆的建设。力争把社区内那些分散的、零乱的、利用率不高的文献信息资源进行整合,在处理好一些关系的同时,将这些文献信息资料集中到社区图书馆供借阅共享。如杭州市下城区灯芯巷社区通过举办“社区视听读物共享年”活动,发动社区居民向社区图书馆捐献积极健康的视听文献。社区图书馆在休闲时段向居民提供服务,此举不但效果好,还受到社区居民的欢迎和拥护。

5. 争取社会援助

社区图书馆可通过社区内的台胞、侨胞和有关海外人士,加强对外的沟通与联系,或以召开同乡会、茶话会等形式,争取对方包括资金、文献资料等在内的各种援助。

6. 收集与开发

对于有条件的社区图书馆来讲,注重对文献信息的收集,提高二次文献、三次文献的开发能力,不失为获取、丰富图书馆文献信息资源的有效途径。现实中的许多商业性信息,以及和百姓日常生活息息相关的各种信息,只要图书馆能通过各种渠道及时加以收集或开发,这样的信息将肯定会引起居民的兴趣和关注。社区图书馆若能持之以恒地把这个工作坚持下去,将会收到意想不到的效果。如每当居民对信息有所需求时,他很有可能首先想到社区图书馆,因为他已经把图书馆作为信息来源的中心。

【实例1】

日本土奇玉县小川町社区图书馆①

日本为了保护自己的文化，丰富居民的生活，在社区建设方面下了很大力气，尤其是在社区文化建设上。日本的社区文化建设起步较早，特别是在20世纪70年代，在图书馆设置方面，他们提出在居民徒步20分钟之内必须有一个图书馆，每月至少有两次以上的巡回送书服务。日本社区图书馆以各种各样的特色服务得到了社区居民的认可。

小川町社区图书馆的馆内设施有儿童图书室、咖啡厅以及可以表演茶道的日本茶室，可谓应有尽有。而设备齐全的影像设备和漂亮的放映大厅也使社区居民在此可以享受高水平的影视服务。为了方便读者阅读，在图书馆开架阅览室的隔壁，还设有一间和式房间，感觉就像在自己的家中一样，既舒适又感到心情愉快。据图书馆负责人山口先生介绍，早在建馆的设计阶段，规划设计者就通过举办居民参与的讨论会和民意调查，集思广益，听取了使用者方面的大量意见。

为了吸引更多的社区居民来馆，同时也是为了弘扬地区文化，小川町社区图书馆还有计划地举办本地出身画家、摄影家的艺术作品展，同时还提供将这些作品出租的服务。这在日本社区图书馆中尚属首例。这种综合型社区图书馆的出现，使图书馆正成为一个一般居民光顾的场所，它对加强社区凝聚力、活跃社区居民文化生活起着越来越重要的作用。

---

① http://www.bjcs.gov.cn/jdgz/jdgzDetail.go?lm=tszs&jbshj_id=785585

【实例 2】

美国的社区图书馆①

美国的社区公共图书馆可以说是世界上办得最好的社区公共图书馆,其数量有上万家,服务涵盖全美几乎所有人口,藏书量也非常惊人。全国九成以上的社区图书馆接通了互联网,八成以上的图书馆为读者提供免费上网服务,七成以上的图书馆提供网上借阅服务。

美国的社区公共图书馆根据居民年龄层次的不同,分为成人阅览区、青少年阅览区和儿童活动阅览区。

在美国办理图书馆借阅卡非常简便,只要能出示最近的水电或者电话账单,再加上驾照,证实你是该社区的居民,即可免费办理该社区图书馆的图书借阅证。各个社区图书馆续借的手续也很方便,居民可以打电话或者上网办理图书续借手续。

社区公共图书馆一般有小型的会议室。居民也可以借用其会议室,举办各种讲座和讨论会。

5.3 老年人图书馆

作为社会公益性文化事业单位,图书馆以其得天独厚的文献资源优势,以及优雅恬静的阅读环境,不仅可以让老年人老有所学,还可以让他们老有学“所”。因此,越来越多的老年人把图书馆当做安度晚年、老有所学、老有所为的精神家园。现在的离退休老人与20年前相比较,文化程度大幅度提升,有文化、有阅读能力和阅读需求的老年人日益增多,构成了利用图书馆的老年读者群体。到图书馆读书、看报、

① http://news.sina.com.cn/o/2006-12-12/042910741107s.shtml

查资料将成为越来越多的老年人生活中不可或缺的一部分。绝大多数的老年读者到图书馆看书学习，没有刻意的追求，更没有负担和压力，完全是一种平和、淡定和随遇而安的心态，他们并不拘泥于固定的阅读内容，对他们而言，结果并不重要，看重的是享受阅读过程中的快乐和喜悦。[①]

【实例1】

北京市朝阳区图书馆“听书”吧[②]

老年阅览室作为朝阳区图书馆的特色服务，多年来受到老人的欢迎。长时间阅读会对部分老年读者的眼、颈、肩、腰等部位造成不适。根据这一状况，他们改变老年阅览室单一的阅读方式，专为老年读者购买了有声读物。购进《有声——数字图书馆》一套，篇目达到10万余篇，内容涵盖了中外名著、诗歌、历史、生活百科、法律法规等，堪称名副其实的可以听到的图书馆。老年阅览室的读者不光能看图书，还能够听图书。

【实例2】

上海长宁区北新泾街道图书馆老年读书工作[③]

北新泾街道图书馆将公共文化产品和公共文化服务从社区延伸到居民区，尽心做好老年读者服务工作。一是坚持对各居委读书会进行定期走访和调研，了解读书会的动态情况和存在问题，尽可能为其提供帮助。二是成立了“伏枥”读报指导中心，让社区老年人找到一个发挥余热的平台，利用

---

① http://www.gslib.com.cn/xh/tqxw/jtxg4.htm

② http://www.risingsun.org.cn/newsdetail.asp?id=6258

③ http://wgj.sh.gov.cn/node2/2006wg/node533/node570/u1a17139.html

自己的经验与智慧继续为社区、为社会服务。三是创办了社区刊物《伏枥》,使之成为老年人读书读报、交流心得、理论研究的一个平台刊物,充分展现社区读书会的精神风貌。四是搭建老年读报工作的交流平台,总结、探讨、加强老年读书读报活动,让老年人在读书活动中开阔眼界,更新知识,提高素养,使他们保持年轻的心态、身体的健康和对生活的热情。

【实例3】

兰州市图书馆建立老年公寓图书流动站①

兰州市图书馆老年公寓图书流动站正式建立,这是兰州市政府部门今年实施的"星光计划",有500多册适合老人们阅读的图书、期刊和20多种报纸。

【实例4】

静海县私人创办老年阅览室②

静海县首家民办公助的公益性图书阅览室——静海县图书馆老年阅览室,近日在静海镇北纬二路东段挂牌成立。

静海县图书馆老年阅览室的创办者冯家秩老人原系县文化系统干部,退休后积极参与社区公益活动。为满足老年人精神需求,他主动腾出自家用来出租的房屋,在县图书馆的大力支持下,成立了社区老年阅览室。该室现有图书1000多册,报刊10多种。该阅览室的成立,进一步延伸了县图书馆的社区服务,极大地方便了县城社区老年人读书看报的需求,为城区老年人的文化生活提供了一个新平台。

---

① http://unn.people.com.cn/GB/channel22/37/184/200205/08/177082.html

② http://tieba.baidu.com/f?kz=291738496

【实例5】

北仑德生图书馆办“赠书节”①

北仑德生图书馆，是以先烈的名字命名。

每年的元宵节是德生图书馆的“赠书节”。老人们每年在这一天都要筹备一次文艺演出，邀请周边各个村庄领导、各个企业经理前来参加，会二胡的上台拉二胡，喜欢越剧的来几段越剧，懂腰鼓的更要上台鼓捣两下。老人们说，捐不捐自愿，捐多少自愿，但是每年都有很多人捐助。

5.4 外来工图书馆

农民工是当代中国的一个特殊概念，专指由传统农业社会向现代城市社会转型过程中的来自农村中的劳动力。但是，农民工文化水平普遍偏低，使得他们在竞争中处于弱势，很难适应城市化进程的速度。图书馆在这一历史机遇中迎来了新的发展空间。

【实例1】

佛山禅城区的外来工图书馆②

佛山禅城区的外来工图书馆——“张槎图书馆”，是禅城区联合图书馆的一个分馆，坐落在外来工人口达12万的张槎街道，面积530平方米，藏书达到3万多册，每天从下午两点至晚上九点半开放，包括多媒体阅览在内，实行全免费服务。作为佛山禅城区联合图书馆分馆，该馆办证读者，自然成为“一卡通”读者，除了可借阅共享禅城区主馆和其他三个

---

① http://www.cnnb.com.cn

② http://www.cclib.cn/zc/

分馆的书籍资源外，还可借阅佛山市图书馆、南海区图书馆的图书。另外，图书馆内还设有多功能报告厅，每周放映六场电影、两场讲座，还成立了外来工读书会，定期开展活动。对于改善外来工的文化生活，满足他们的文化需求，提高他们的文化素养，都起着积极的作用。

【实例2】

深圳南山区外来工图书馆①

南山区西丽外来工图书馆是由深圳南山图书馆、西丽投资发展有限公司联合建设的公共图书馆，位于南山区西丽镇同富裕工业城A座商住楼二楼，馆舍面积580平方米，阅览座位200个；馆藏图书3万册，订阅杂志200余种、报纸近20种。免费向工业区外来工及周边民众提供报纸、期刊、图书阅览、外借、信息检索、公益讲座、大众电影等服务。

该馆作为南山图书馆的分馆，与南山图书馆实行一体化管理，一卡通用，通借通还、资源共享。持证读者可通过全市公共图书馆的通借通还系统，在本市图书馆及各区图书馆借还图书。

5.5 盲人图书馆②

针对生理性弱势群体——盲人群体，公共图书馆应该积极探索为盲人读者服务的方式方法。盲人读者是社会大家庭中的一员，他们虽然失去了视觉，但仍然和健全人一样拥有接受教育、享受社会精神文化产品的权利。

---

① http://www.sznews.com/jbjob/content/2007-05/28/content_1175559.htm

② 侯夷. 新中国盲文出版事业探析. 河南大学研究生毕业学位论文

盲文出版物的特点是盲文出版社数量少，出版物成本高、品种少、内容滞后，盲文出版技术比较落后。

盲文馆藏资源建设：

1. 盲文文献建设应该适应盲人群体的特点及需求，侧重有声读物的入藏，建立有声书库，利用各种有声资料为他们提供充足的知识来源。

2. 要提供多样化的服务方式。如盲人进入图书馆实行全程陪同，可享受免费办证、电话预约、代办代查、送书上门等服务；建立盲人读者档案，收集、记录他们的基本情况、特点爱好、阅读倾向，根据各自的需求，制订服务内容，以便随时联系，进行特色跟踪服务；举办一些形式多样、内容丰富并且适合盲人读者的活动，如读书会、故事会、音乐欣赏会等。

3. 加大宣传力度，吸引盲人读者。要体现公共图书馆助残服务的价值，就要让更多的残疾人利用图书馆的资源享受其提供的服务，借助媒体、残联的力量，与本地区盲人协会合作，紧扣盲人特点，利用盲人广播专栏等方式宣传介绍图书馆的盲文藏书情况、服务内容、联系方式，吸引更多的盲人读者了解和利用图书馆，使图书馆真正成为盲人群体读书学习、娱乐教育的场所。

4. 资源优势，制作有声读物。公共图书馆应该利用自身文献资源、设备、贴近读者、了解读者的优势，根据本地区盲人读者的需求，有针对性地挑选部分书籍用来制作有声读物及盲文书刊。

大力发展盲文图书馆，充分发挥盲文图书馆的作用，为盲人提供免费读书和学习的机会，以推动盲人文化教育，促进盲人整体文化素质的提高，有益于盲人平等参与社会，增强社会竞争力，拓展盲人就业途径，提高盲人生活水平；有益于拉动盲文出版物的消费需求，进而推动盲文出版事业的发展。

【实例1】

浦东新区图书馆盲人阅览室①

浦东新区图书馆盲人阅览室是上海市公共图书馆中设施最先进，盲人图书和盲人音像资料馆藏最多的特殊服务场所之一。该室配备专用电脑5台，有专为盲人设计的读屏软件2套，JVC音响8台，盲文书籍449种1036册，有声读物458种3545盘，并为行走不便的盲人读者实行定期送书上门服务。经常举办盲人社会教育和技能培训。盲人普通电脑无障碍应用学习班的成功举行，为盲人“看”世界提供了极大的便利。丰富多彩的盲人读者活动和定期开展的盲人技能培训等特色服务被视力障碍者称为“盲人之家”。

【实例2】

秦皇岛市图书馆盲人阅览室②

秦皇岛市图书馆积极参加社会公益活动，在全省首设了盲人阅览室，建立了独具特色的触摸阅读、网上阅读、耳麦视听和设备使用等功能专区。与此同时，在北戴河区残疾人服务中心和市特教学校分别建立了盲文图书流动站，并为流动站免费办理集体阅览证，定期更换新书，深受盲人读者欢迎。

【实例3】

沈阳“克俭盲人图书馆”③

这家“社区盲人图书馆”是沈阳市首家由街道社区创办

---

① http://www.pdlib.com/pdlibrary/index.jsp

② http://www.he.xinhuanet.com/zfwq/2008-03/31/content_12831869.htm

③ 韩然.沈阳日报

的,被称为“心灵阳光室”。

克俭地区盲残居民比较多,图书馆为此设立了阅览室和活动室。在图书馆的活动室,社区党委组织盲人科学普及讲座、盲人就业技能辅导、盲人文艺表演和盲人讲述心里话系列活动。社区盲残人代表积极为创办图书馆服务,通过多方联系,向北京有关书店邮购盲文图书,来充实盲文阅览室的馆藏量。

由创新社区组织的20多名共产党员和共青团员“志愿者服务队”,队员们分别来到克俭地区的几十名盲人家中,把当地的盲人搀扶到“社区盲人图书馆”。30多名盲人在图书馆的阅览室里,用手指感受着知识带来的喜悦。

【实例4】

盲人数字图书馆服务(中国国家数字图书馆)①

2008年9月9日,由国家图书馆与中国残联信息中心、中国盲文出版社合作共同建设的中国盲人数字图书馆网站正式开通。此举填补了我国盲人数字图书馆的空白。按照《中共中央国务院关于促进残疾人事业发展的意见》的要求,“积极推进信息和交流无障碍”、“公共机构要提供无障碍服务,影视作品和节目要加配字幕,网络、电子信息和通信产品要方便残疾人使用”,文化部和中国残疾人联合会合作,依托国家图书馆丰富的馆藏资源,借助中国残疾人联合会在信息无障碍建设方面的经验,沟通建设了中国盲人数字图书馆,使盲人朋友足不出户就能享受到国家级图书馆的周到服务,与正常人一样共享信息社会的便利,为盲人和视力障碍朋友打开一扇通往浩瀚知识海洋的大门。这也是在科技部与中

① http://www.nlc.gov.cn/service/tsfw/mrst.htm

国残联“十一五”国家科技支撑计划重点项目“中国残疾人信息无障碍关键技术支撑体系及示范应用”的支持下，积极推进残疾人信息无障碍技术的研发、推广与应用的成果之一。

中国盲人数字图书馆网站遵循 WCAG2.0 进行无障碍网页设计，符合 XHTML1.0 技术规则，适用于盲用读屏软件，栏目规划简单清晰、分区清楚、导航明确。网站图片均标示文字说明，所有链接均添加提示文字；导盲砖快捷键（:::）的设置从细节充分体现出为盲人朋友着想的建站原则。盲人读者可利用这些快捷键快速到达各主要区域，例如：Alt + C 为左侧选单区，Alt + B 为主要选单区，Alt + N 为右侧选单区，Alt + E 为头部连结区。

中国盲人数字图书馆网站主页设置有以下 10 个栏目，包括：新闻动态、电子图书、音乐欣赏、在线讲座、最新公告、读者指南、新书速递、机构介绍、友情链接、网站导航。根据盲人朋友提供的书目名单，网站先期推出的中国古代典籍共 173 部，涵盖了我国古代优秀文化成果中的经、史、子、集四部分内容，共计 9770 万字，以及若干本涉及医药卫生、经济历史等内容的现代图书。

文津讲坛是中国国家图书馆多年来坚持的名牌经典，此次遴选出的 200 多场视频讲座，内容涉及音乐、民俗、健康等方方面面，为盲人朋友献上一场饕餮盛宴。按照“边建设边服务”的原则，各栏目的数字资源仍将不断扩容，以满足不同职业、兴趣爱好的盲人朋友的需求。

中国盲人数字图书馆立足“服务立馆”宗旨，旨在为盲人朋友奉上一份文化共享盛宴。

【实例5】

国外图书馆的盲人信息服务

德国的莱比锡市有家专门为盲人服务的图书馆,保存了65 000盘磁带,录制了4000部世界名著和其他书籍,欧洲各国的盲人都是它服务的对象。在美国,国会图书馆通过与全美160所图书馆构成的协作网络,为50万以上各年龄层次的盲人读者服务,向他们免费提供盲文书刊、录音书刊等资料。在英国,国家盲文图书馆拥有盲文藏书35万册,该馆重视延伸性服务,与南非、加拿大、澳大利亚和新西兰等国的出版商进行书刊交换,以扩大和丰富盲文图书的收藏。该馆每天要给英国各地以及国外的4500名读者发送近千册盲文图书。在日本,大阪府立中央图书馆开展的当面朗读服务方式至今仍然是最受盲人读者欢迎的服务方式,此外该馆开展的视觉残疾儿童文库服务也独树一帜。

5.6 专业图书馆

基层图书馆的主要任务是为地方经济、文化、科学发展服务。信息资源建设应与地区产业相结合,立足于本地特色的经济,在满足一般读者基本需求的基础上,为企业提供全方位、深层次的专业信息服务。基层图书馆,同样可以建设成为专业图书馆。

专业图书馆在资源建设方面,一是开展社会调研,根据当地经济特色,选定服务项目,按照项目购置图书,并从经费上给予保障,即购书经费向选定的服务项目倾斜,保证特色藏书的份额;二是面向企业,主动向用户调查、咨询,在了解他们的需求后,再进行采购,做到有的放矢,在条件允许的情况下,不妨邀请用户或专家、学者共同确定采购计划,从而达到确保特色文献具有“特色”地位;三是调整藏书结构,以书刊的利用率作为衡量书刊质量的标准，不搞“小而全”或“大而全”，书刊的订购讲求实效，不订购充当门面的书刊。

【实例1】

鞋都图书馆

温州鞋都图书馆，是我国首家鞋专业图书馆，由温州市图书馆和温州市皮革协会联合创建。以温州市图书馆为依托，立足温州，面向世界，其目的是为提升温州鞋业文化品位，发展地方经济，为从业人员提供一个更新知识的教育基地，为企业创建一条学习专业知识技术、获取信息的新途径。其一期工程主要内容有全面收集鞋类书刊资料、开设专业资料阅览室、实施培训计划、成立信息咨询室及光盘制作室。二期工程是建立世界首家鞋业数字图书馆。

温州鞋都图书馆下设专家顾问委员会、图书馆事业部、阅览部、鞋样设计研究部和信息中心等机构。主要业务部门图书阅览部集中展示图书馆多年来收集的国内外各种鞋业专业书籍、期刊、光盘、报纸、地方企业的简讯、厂报及珍贵的照片和设计手稿等，并配置多台先进的电脑设备，提供多媒体浏览。鞋样设计研究部，对每年国内外流行的鞋样款式进行归纳、分类、电脑录入，创建一个内容丰富、数量庞大、描述详尽的鞋样图片数据库，定期邀请鞋业界专家开展讲座、研讨和专业培训等活动。

温州鞋都图书馆为社会、为企业提供全方位、多层次、多渠道、多形式的服务，目的就是使特色馆藏资料成为全社会的有效信息源，从而产生最佳的社会效益和经济效益，然后再用一部分所得的经济收益支持馆藏建设，开展更好的特色服务。

【实例 2】

童装图书馆[1]

佛山市禅城区环市童装图书馆，于 2006 年 6 月开馆，建筑面积近 1000 平方米，藏书 3 万余册，是禅城区联合图书馆成员馆，也是我国第一个童装专业公共图书馆。

童装图书馆是收藏、利用童装专业书刊和文献信息的专业图书馆，设立了计算机多媒体童装信息查询阅览室、书刊阅览和外借处。其建馆目标是达到基本满足本区童装行业文献、信息需要，立足环市，面向全国，成为国内重要的童装专业文献、信息收藏、利用基地。

童装图书馆目前除收藏专业书刊外还适当收藏知识型、休闲型等非专业类书刊，在满足本地区童装文献信息需求的基础上，承担社区图书馆服务功能，为环市居民提供借阅服务。

【实例 3】

金属图书馆[2]

澜石金属图书馆是广东省佛山市禅城区“联合图书馆”的成员馆，位于澜石国际金属交易中心主楼三楼，于 2005 年 6 月开馆。该馆建筑面积 1300 平方米，目前藏书 4 万余册，期刊 182 种，报纸 60 多种。

该馆由原禅城区澜石街道办负责投资建设，禅城区政府下拨运作经费，禅城区图书馆负责管理。澜石金属图书馆是我国第一个金属行业公共图书馆。为满足当地产业的需要，突出办馆特色，澜石金属图书馆以收集金属专业方面的书刊

---

① http://www.cclib.cn/hsg/

② http://www.cclib.cn/lsg/

和信息为主，主要为金属行业人士提供金属专业书刊和信息服务，目标是把澜石金属图书馆建设成为国家级金属信息中心。

澜石金属图书馆除为金属行业服务之外，还兼顾社区服务，内设休闲区、阅读区、多媒体阅览室、培训室、产品设计室等。

【实例4】

美术专业图书馆①

位于北京市西城区的金彩艺术图书馆，是我国首家集收藏、展示、阅览于一体的美术专业图书馆。

金彩艺术图书馆是在中国美术家协会的支持和指导下，经国家民政、文化部门批准，由中国美术家协会旅游联谊中心自主经营、自筹资金，具有公益性、非盈利的民办非企业单位。据金彩艺术图书馆馆长马克强先生介绍："金彩艺术图书馆创建伊始就得到政府相关部门、全国美术界、出版界、国内外著名美术家以及各国驻华使馆的广泛支持和慷慨捐赠。筹备数月来，图书馆已经收到包括80多个国家在内的各类美术、艺术书籍上万册，同时还收到大量的艺术品和有关资料。"另据介绍，图书馆准备在全国范围内建立连锁图书馆，以方便各地艺术家就近查阅以及就近捐赠艺术资料。

【实例5】

农业特色图书馆②

农业特色图书馆由天津市图书馆、市农科院农业科技图

① http://www.bmnh.org.cn/web/cn/bwgdt/gdxw/gdxwnr/2018/20081021/42181.html
② http://www.tjkp.gov.cn/show.asp?id=201

书馆和静海县图书馆三单位联合建立的。

该馆现有农业科技图书、杂志、光盘等共12 000册，其中，近三分之一是新购置的。馆内有藏书库、阅览室、培训室、录像播放系统等设施，并安排了6名管理人员，负责其中的为民服务活动。

该馆的建立，将使静海县广大科技人员和农民群众直接利用市级图书馆的图书资源，便于农民群众尽快地将最新科技信息和成果转化为生产力，对于推动地区农业现代化建设具有十分重要的意义。

新馆建立之后，天津市图书馆、市农科院农业科技图书馆和静海县图书馆每年以不低于3万元人民币的规模进行投入。

【实例6】

金融图书馆

浦东新区陆家嘴功能区域是中国唯一一个以金融贸易区命名的国家级开发区，金融文化氛围浓厚。陆家嘴金融图书馆地处陆家嘴中心区域，有着得天独厚的地理优势。

陆家嘴金融图书馆的服务定位是：注重特色，着力普及，致力于培养和提高读者金融知识素养，为普通读者，做好普及金融知识和金融信息利用服务工作；为专业人员，提供专业文献资料和研究场所；为政府机关，为领导决策提供信息服务，并为政府与专业机构、专家搭建交流平台服务。读者在馆内可以阅读有关银行、保险、基金、期货、证券等金融类的报纸、期刊，凭借书卡借阅书籍，还可以通过本馆网站进行数字文献的电子阅读，浏览网站上设立的金融专业数据库和及时的金融资讯。另外，金融图书馆日后也将定期开展各类金融知识讲座、培训、展览等活动，普及百姓金融知识。

【实例7】

日本的专业图书馆①

位于东京都目黑区的摄影图书馆，收藏有30 000余册与摄影、电影等有关的书籍和资料。摄影爱好者只要付极少的费用，就可以借阅馆中的任何一种资料或图书，也可在工作人员的指点下，到有关的阅览室欣赏世界各国著名摄影大师的摄影作品以及来自世界各地的各类摄影器材，如果肯多付钱，还可以欣赏到世界电影珍品。

爱好音乐的朋友，可以到东京文化会馆四楼的音乐图书馆，借阅自己所需要的有关音乐方面的专著或专集。这家面积不大的图书馆收藏了以古典音乐为主的世界各地的民族音乐等资料，其中包括26 000余件乐谱、17 000余册音乐图书和400 多种音乐杂志，还有36 000余张著名的音乐唱片和12 000多张光盘。这些唱片和光盘都可以凭读者本人的有效证件借出在图书馆的视听室内免费欣赏。

读者最多的专业图书馆要算是日本交通会社创办的观光文化图书馆了。该馆收藏有18 000余册与旅游有关的国内外地方志、旅游指南、旅游杂志和大量的世界各地的交通旅游图，还收藏了世界上48 家著名的航空公司在飞机上免费赠阅给旅客的各种杂志、报纸和许多公司印制的宣传性小册子。读者来这里只要签个名，无须交任何费用就可以进入馆内查阅各种资料，只是馆内的图书资料从不外借。

除此之外，比较有特色的另一个专业图书馆就是由日本积水住宅会社管理的住宅图书馆了。凡与建筑、住宅有关的书籍、图片、杂志等，不论是国内出版的，还是国外出版

① http://www.civilness.com/info/news_detail.asp?bigclass_id = 20020925203756937&news_id = 20021211154621590

的，这家图书馆都会想尽一切办法收集到。目前，该馆的藏书量已超过了4200册，读者只要办理一个十分简单的手续，就可以从这里把自己需要的图书资料借出，期限一般为7天。

6 我国公共图书馆信息资源建设与服务模式概述①

进入21世纪以来,我国图书馆界开始了以普遍均等服务为主要内容的公共图书馆服务体系建设,其原动力就是最大范围的资源共建共享,以最小的公共财政支出实现最大的服务效益。为此,我国公共图书馆界涌现出了许多服务模式。这里,精选一些在国内具有一定代表性并对我国基层图书馆建设具有参考和指导意义的范例。

6.1 立体化的资源共建共享体系——北京模式

北京市是我国少数从服务点、基层馆、总分馆、区域性网络等方面立体化建设公共图书馆服务体系的地区之一。自本世纪初开始建设以"通借通还"为主要内容的区域性公共图书馆资源共享体系,由首都图书馆、区(县)级图书馆和街道(乡镇)图书馆构成三级网络,未来规划社区/村级图书馆将作为第四级节点纳入网络。目前在各区采用的区街共建模式中,区图书馆是本区的中心图书馆,承担资源分中心的作用。比较典型的责任包括:接受区政府委托,为街道图书馆采购、分编、配送、周转图书。2002年底,西城区政府率先确定了由区财政支持街道图书馆建设的基层图书馆发展模式,这一模式被称为"区街共建模式",政府以红头文件的形式将街道图书馆建设主体的责任部分地上移至区政府,启动依托区政府财政力量和区图书馆专业力量建设街道/乡镇图书馆的模式;截至2006年年底,全市已经形成了以首都图

① 邱冠华,于良芝,许晓霞.覆盖全社会的公共图书馆服务体系:模式、技术支撑与方案.北京图书馆出版社,2008

书馆为中心馆，22 个区（县）级图书馆为分中心馆，118 家街道、乡镇级图书馆加入的服务网络；2007 年 5 月，有 18 家图书馆正式开始通借通还业务。北京市三级服务网络的技术基础是“智慧 2000”系统。所有区（县）图书馆都开始使用“智慧 2000”，街道图书馆使用“智慧 2000”的简约版（简约版不能支持本地书目数据库）。北京市致力于建设的是一个由物流系统支持的，集中、统一、无缝的大网。这个网上的节点虽然级别和专业权限不同，但它们都将被纳入同一个管理系统和物流系统，任何一个图书馆将来都可以与其他任何级别的图书馆通借通还，在通借通还中错位的图书将通过物流系统归还其所属馆，然后继续流通。

北京其他各区也都采用了类似的基层馆建设模式，但区财政的支持力度因区而异，在资源建设方面也各有差异。西城区财政每年为每个街道图书馆投入 3 万元购书经费，同时委托区图书馆组建图书配送中心，为各街道馆采购、分编、配送图书；区图书馆作为中心馆，指导和协助各街道设置街道图书馆，负责指导街道图书馆开展业务工作，进行街道图书馆管理人员上岗培训、继续教育。区财政另投入 10 万元专门用于区馆对街道馆的管理及其他开销。东城区、丰台区图书配送中心，对街道图书馆负有采购、配送、分编、业务辅导等责任。海淀区则主要通过“以奖代建”的方式参与街道（乡镇）图书馆建设。街道图书馆自己负责图书采购，区图书馆负责业务辅导。

除了通过基层馆建设加强资源建设和服务外，北京市公共图书馆也比较注重利用固定服务点和汽车图书馆来延伸服务。市文化局为 25 个公共图书馆配备了流动图书车，使每个区（县）都建立了数量不等的流动图书馆服务点。在还没有实施区街共建基层馆的区（县）（如房山县），服务点是区（县）图书馆向基层延伸的主要形式。

随着区街共建模式的实施，首都图书馆逐渐从街道（乡镇）分馆的建设中淡出，主要承担资源中心的作用，负责整个网络的规划协调，制定统一的编目原则，接受区（县）馆上传的编目数据，掌握和维护整个网络的书目数据和读者信息，形成由首都图书馆、各区（县）馆、街道

（乡镇）馆构成的三级服务网络。各区（县）馆作为网络的二级馆，负责按统一的原则和标准为本馆藏书和区内街道馆的藏书编目，将书目数据上传，同时维护本地书目数据库。街道图书馆作为网络的三级馆，只充当服务终端，没有本地书目数据库。

点评：

全方位、立体化的建设思路是北京市公共图书馆服务体系建设的突出特色。在基层图书馆建设方面，北京市有三个特别值得关注的特点：首先，北京市的街道（乡镇）图书馆建设具有明确的立法保障。其次，街道图书馆建设采用“区街共建”模式——区财政为基层图书馆建设承担部分经费。第三，区街共建基层图书馆的操作模式，目前都只适用于街道（乡镇）图书馆；社区（村级）图书馆建设还面临较大的不确定性。在区域性资源建设方面，将街道（乡镇）图书馆的资源建设主体上移到区县政府，它突破了一级政府负责一级图书馆的建设体制。尽管这种“上移”还只是局部性的，但它毕竟在理顺基层图书馆的建设责任方面开始了有益的尝试。

目前，这个网络还处于初创阶段，成员馆的数量也十分有限，但假如按北京市建成四级服务网，必将变得十分庞大。现有的技术条件、管理成本、经费支持等是否适合北京这样的超大城市，目前还无法对上述问题做出确切的回答。目前的街镇级图书馆人员不稳定、服务不规范以及总馆对分馆缺乏足够的控制力，是北京基层图书馆利用率偏低的重要原因。

6.2 以资源共建共享为宗旨——上海模式

2000年12月启动“上海中心图书馆一卡通”项目，在不改变各参与图书馆的行政隶属、人事和财政关系的情况下，以网络为基础，以知识导航为动力，以资源共建共享为宗旨，以提高知识服务水平为目的，构建覆盖上海全市的图书馆服务体系。自2000年以来，上海地区图书馆服务网络建设的核心成果就是上海地区的图书馆联盟，通常被简称为“上海中心图书馆”。六年中，“上海中心图书馆”已发展成为拥有1个市馆、19个区县的21家公共馆、1家专业馆、1个大学馆、32家基层馆共56个成员馆及1687个流通服务点的服务体系。其中公共图书馆系统内部的服务网络又被“上海中心图书馆一卡通”。

“上海市中心图书馆”纵向联结市和区（县）公共图书馆以及基层服务点（包括街道（乡镇）图书馆、社区文化活动中心、商厦服务点、车站服务点等），横向联结学校、科研系统、专业图书馆等，它以上海图书馆为中心馆，其他图书馆为成员馆。公共馆以实现异地借还、参考咨询、文献集散为特色，高校馆以网络资源、外文文献资源、人力资源共享为特色，专业馆以联合采购网络资源、共建专业化数字图书馆项目和人力资源共享为特色，实现了各级各类图书馆之间的优势互补、资源共享。这种跨地区跨系统、多种运行方式并存的资源共享型总/分馆制，使上海文献信息资源的布局得到进一步优化，各分馆的藏书得到进一步充实，各馆的特色资源和服务得到进一步加强；它打破了原来各自为政的服务模式，极大地方便了读者。

各级各类图书馆有明确的自我定位和服务重点。上海图书馆被称为“上海市中心图书馆一卡通”的总馆，其职责是为公众、科研企业、政府决策做好服务；将丰富的文献资源、人力资源及服务功能辐射到全市的区（县）公共图书馆和街道（乡镇）图书馆，为区（县）和街道（乡镇）图书馆的科学管理和读者服务工作提供业务指导和技术支持。区（县）图书馆是“上海中心图书馆一卡通”的分馆，挂上海图书馆分馆的牌子，又是本区（县）、街道（乡镇）和社区文化活动中心图书馆的总馆。其职责是面向大众提供服务，支持和指导本区域公共图书馆的各项工作；作为本区（县）文献资源建设中心、业务指导中心、技术支持中心、文献提供中心、采访编目中心、图书物流中心，起到承上启下的桥梁作用。街道（乡镇）图书馆、社区文化活动中心、商厦服务点、车站服务点等是“上海中心图书馆一卡通”的基层服务点，其职责是就近为市民普及科学文化知识、提供公共信息、开展社区教育；发挥社区居民交流学习的社会职能；满足最基本的阅读、外借等学习需求。高校图书馆、专业图书馆的主要职责是面向特定读者群，重点建设特色馆藏。

截至2006年年底，“上海市中心图书馆一卡通”累计投入书刊量达350万册。这些文献主要是由总馆即上海图书馆提供，但是各成员馆也必须投入一定的文献量或有相应的财政保障。例如街道（乡镇）基层服务点在启动时由区图书馆投入5万元增添设备、资源等；根据上海图书馆、区馆、街道图书馆三方协议，街道图书馆每年必须投入一卡通图书1000册，上海图书馆给2000册。对于进入一卡通领域的文献的产权，成员馆之间采用“浮动馆藏”概念进行管理。为了便于区分和管理，用条码的前三位区分最初的所有权，在图书剔旧上各图书馆只能对自有产权的文献进行剔旧。

在物流方面，上海市中心图书馆通过设立分拣中心和物流中心，确立了图书的调配原则，建立起完整的图书调配机制，规范了调配行为，使得各成员馆之间的图书调配更加机动、灵活和科学，同时也在很大程度上节约了物流成本。

上海图书馆的部分文献，如参考外借图书，并不适宜进行大流通，因而不能通借通还；另外，由于少儿图书馆没有进入“上海中心图书馆一卡通”，因而也不能通借通还。

上海图书馆自建的数字化资源可以在网络中共享，非自建的数字化资源，只有参与联合采购的馆才能共享。

上海市中心图书馆服务网络就其文献资源流通范围而言，实质上是一种资源限制型的完全通借通还。

“上海市中心图书馆”一卡通成员馆使用总馆的Horizon系统进行管理。读者只需一张卡，就可以借阅所有文献。

点评：

“上海市中心图书馆”服务网络呈现出了启动早、发展快、延伸空间广泛的特点。政府主导作用发挥了重要作用。在启动之初，政府还下拨了近千万元专款作为启动资金，现在每年还有100万—200万的专项资金。在中心图书馆发展过程中，政府还下达了相关文件，保障购书经费(如《上海市"十一五"文化发展规划》规定,各区必须根据常住人口进行购书经费的投入,区按 1.8 元/人,郊区按 1.6 元/人投入,这些资金全部投入一卡通),进行财政专管(如设立专门的账户,管理非税收入),建立评估考核机制。应该说,正是有了政府的大力推动,才有了上海中心图书馆的快速发展。基层图书馆加入一卡通后,服务能力和服务条件都得到了进一步改善。

但是实际运行中,由于区(县)分馆和街道、社区的基层服务点在技术上都直接接受总馆指导,文献资源都接受总馆的统一调配,分馆和基层服务点之间事实上发展为平行关系,即整个网络在系统上分为两极。其结果,原来设想由区域中心承担的技术支持、人员培训、图书加工等现在都由上海图书馆承担了,区(县)分馆作为区域中心的职能被大大弱化;图书流通量的巨大,反映出服务效益较高,同时也产生了相当大的压力,运作成本高;高校馆、专业馆与公共图书馆的合作积极性降低。

6.3 将资源和服务向基层延伸——天津模式

目前天津市拥有公共图书馆 32 个。天津市公共图书馆服务体系建设的最鲜明主题就是所谓"延伸服务",即市馆和区(县)馆通过服务点和分馆建设将自己的资源和服务向基层延伸。"延伸服务"的主要触角是各种形式的服务点,包括社区固定服务点、行业服务点和汽车服务点。向基层延伸服务体系建设大致始于 2002 年,同时也开展了面向机构和行业的延伸工作,部分区(县)馆也参照市馆模式在各自的辖区建设社区分馆。截至 2006 年年底,仅天津图书馆就扶持建立了冠名为"天津图书馆分馆"的 58 家社区图书馆。天津市图书馆的延伸工作受到了媒体和各级领导的高度关注。李长春、陈至立、刘云山等领导还分别对天津图书馆的延伸工作做出批示,希望在全国推广天津图书馆的经验。

天津市公共图书馆服务体系向基层延伸的方式大致分为四类。第一类是市馆或区(县)馆与居委会或其他社会力量共建的服务点性质的社区图书馆。这类服务点通常由社区提供馆舍、人员、设备和日常维持经费,市馆或区(县)馆提供一定数量的馆藏和业务支持;读者持社区图书馆的借书证,只能借阅社区图书馆内的藏书。第二类延伸方式是天津图书馆与居委会或其他社会力量共建的分馆性质的社区图书馆。这类图书馆也是由社区提供馆舍、人员、设备和日常维持经费(有些社区还提供一定额度的购书经费),天津图书馆提供藏书和技术支持;读者持市馆统一读者证,可以通借通还社区图书馆内的"天津图书馆流动图书"和天津图书馆的其他藏书。第三类是天津图书馆的汽车图书馆服务点。第四类是天津图书馆与天津企事业单位共建的行业服务点。

天津市图书馆服务体系建设,正规的分馆建设与区域性服务网络建设相对滞后,而社区图书馆建设相对发达。一部分"分馆"除了接受天津图书馆不定期更换的流动藏书和一定的业务辅导外,较少与天津图书馆发生其他业务联系。另一部分"分馆"虽然已开始与天津图书馆"通借通还",但可"通借通还"的图书仅限于天津图书馆本部的藏书和天津图书馆为分馆配置的流动藏书,后者还缺乏具体明确的馆藏地点记录:所有流动藏书的馆藏地点均被标记为"分馆",不管它们在哪个分馆;在图书被"通借通还"之后,书目数据库也不反映藏书地点的变更。

点评:

天津市的"延伸服务"基本上是由天津图书馆和各区馆自主推动,缺乏政府主导和全局性规划。由于天津图书馆和各区馆都是利用常规经费开展延伸工作,延伸规模和速度不可避免受到限制。而一旦分馆的服务质量或持续发展出现问题,天津图书馆不仅可能因分馆冠名而蒙受名誉损失,还可能蒙受资源损失。因此,这种依赖图书馆常规经费、以"延伸服务"为主要内容的服务体系建设只能是一种过渡模式。

6.4 “穷人的联合”——杭州模式

“一证通工程”是由杭州图书馆倡议并发起，由杭州图书馆、杭州少儿图书馆及七个县馆（杭州无区级馆）共同参与的，杭州地区公共图书馆通借通还网络工程。工程自2004年开始实施，2007年初已有9个成员馆，76个社区基层服务点，15个乡镇基层服务点，16个集体流通点。杭州图书馆是该网络事实上的中心图书馆，负责整个网络的系统及数据维护（包括书目数据和一卡通读者数据），并为成员馆提供图书补贴（一般每县不超过价值20万元的图书）。图书补贴的具体方法是：成员馆根据读者需求，向杭州图书馆提出文献采购要求；杭图按申请书目采购文献，完成分编，然后将加工完毕的图书送往申请馆（文献产权仍归杭图所有）。成员馆都有独立的购书经费，自行采购并分编图书；各馆采购的图书产权归各馆，分编数据经杭州图书馆审校进入统一的中央书目库，文献的产权通过分编号字段和色标双重识别，进入大流通。

网络统一使用杭州图书馆的ILAS-Ⅱ管理系统，以完全通借通还为资源共享形式。读者持统一读者证（一卡通）可以到任何图书馆借阅图书，也可以把所借图书归还到任何图书馆。归还的图书在接受还书的图书馆继续流通，但资产权不变；书目数据库根据图书的流向动态反映图书的藏书地点。网络的物流系统定期将各馆不再需要的图书归还到产权所有馆，由产权所有馆进行处置或剔旧。为了规范成员馆的服务行为，杭州图书馆牵头制订了《杭州市公共图书馆服务公约》和《杭州市公共图书馆一证通工程技术标准》，并倡议将杭州市图书馆学会改组为协会并启动考核奖励制度，以加强行业管理。

点评：

杭州“一证通工程”是图书馆职业自发的创新行为，是“穷人的联合”，从联合和资源共建共享的角度出发，把9个相对贫困的图书馆联系在一起，在相对复杂的网络结构和关系中积累了完全通借通还的经验，为图书馆界提供了探索免费服务的成功案例，形成了整体实力较强的图书馆联盟，然后通过联盟这个平台，救活了一批基层图书馆。

在整个网络中杭州图书馆承担地区中心馆和基层馆总馆的双重角色，人员成本较大。“一证通工程”区（县）馆的积极性主要来自共享杭州图书馆资源的激励，属于松散联盟，管理难度大。计算机管理系统由于并发用户数的限制，制约“一证通工程”进一步发展。“一证通工程”还没有进入完全的政府主导阶段，其前景也因此缺乏制度保障。

6.5 直接服务基层——苏州模式

“苏州图书馆—社区分馆”模式中的分馆建设起步于2005年，苏州图书馆与基层政府合作建设分馆的基本方式是：由分馆所在地的基层政府提供场地、设备和物业等费用，并向苏州图书馆支付一定的年度费用（每个社区分馆5万—8万元）；由苏州图书馆负责软件安装、文献资源配送、人员配备和日常服务；双方以协议的方式确认彼此的责任。分馆的阅览和上网全部免证，但外借图书需持有苏州图书馆统一读者证，所借图书可以在总馆及所有分馆实行完全通借通还。

这种模式已被有些业内专家称作“苏州图书馆—社区分馆”模式，其最突出的特色包括：自下而上的委托关系、紧密型总分馆关系、“动态资产权”基础上的通借通还以及“孵化”式馆员培训。

在苏州图书馆向市政府提交的《苏州市城区图书馆服务网络建设方案》中，综合考虑了国际图联建议的图书馆分布标准、苏州市外来人口的比例以及市委市政府建立15分钟文化圈的规划，提出了每2万人建设一个社区分馆的目标。按目前苏州市区的230万人口计，约需建设115个分馆，平均每区16个分馆。苏州图书馆的最终目标是按现在的紧密型总分馆关系，建成苏州市总分馆体系，实现苏州市公共图书馆的普遍均等服务。

点评:

苏州图书馆的分馆建设基本上是一次职业创新行为,它没有受到专项经费支持,没有被纳入全市的文化发展规划,没有市政府的主导,分馆建设的驱动力主要来自苏州图书馆对职业理念和公共图书馆使命的理解、对普遍均等图书馆服务的追求,是一种无中间环节干扰,直接服务于基层读者的资源共享方式,对基层图书馆网络化信息资源服务有一定的榜样意义。

6.6 多级政府联合委托的自主创新——嘉兴模式

嘉兴市图书馆2005年开始总分馆建设。2007年以前,分馆建设的主要模式是接受区政府委托,由总馆委派工作人员直接进行分馆的管理和开放。但仅仅半年时间,嘉兴市人民政府召开专门会议,研究总分馆建设问题,并下发了该次会议的《会议纪要》。明确由嘉兴市图书馆作为总馆实施覆盖全城区的图书馆总分馆建设,在城区的18个镇建立分馆,由镇政府提供分馆的馆舍。每建一个分馆,一次性拨付嘉兴市图书馆购书经费30万元、开馆经费30万元,每年拨付运行经费30万元。前一项经费由市财政承担,后两项经费由市、区、镇三级政府各承担三分之一;每建一个分馆为嘉兴市图书馆增加两名编制(其中一名是事业编制)。截止2007年11月,嘉兴市图书馆已拥有4个分馆,并正在着手准备另外两个分馆的开馆工作。嘉兴模式已经从自下而上委托过渡到了多级政府联合委托,委托方式也从单纯的协议方式更接近于制度化的安排。

嘉兴市图书馆服务体系分为两个层面,一是城区的总分馆体系,由政府主导,明确规定分馆的级别为街道(乡镇)图书馆,分馆的馆舍标准是500平方米;二是全嘉兴的区域性服务网络,由嘉兴市图书馆与各县级图书馆之间实行资源共享,一卡通借。因此,嘉兴市图书馆既是地区一卡通借服务网络的中心馆,又是城区总分馆体系的总馆。为了保证分馆建设的规范化,嘉兴市图书馆在管理、资源、技术等方面作了一系列准备,包括通过 VPN 专网,向分馆提供管理系统终端和馆藏数字化资源。

点评:

嘉兴市的总分馆建设,是通过图书馆自主创新快速进入政府主导的典型代表。起点高、分馆规模大、政府支持力度大等条件都使嘉兴的总分馆建设具有了良好的发展前景。在自主建设、宣传示范、抢抓机遇等方面,嘉兴的做法有许多可以借鉴和效仿的地方。

由政府主导的公共图书馆服务体系建设目前仅惠及城区较小范围,目前这两个层面都只建到街道(乡镇),显然不能覆盖所有社区(乡村)的人口。

嘉兴市总分馆建设的示范阶段之所以取得成功,在很大程度上得力于总馆对分馆的全面掌控,这是嘉兴早期总分馆建设的一条重要经验。遗憾的是,在当前的多级委托模式中,嘉兴市图书馆反而丧失了对分馆至少一半的控制权,控制权上的妥协已经对总分馆的运行产生了负面影响。

6.7 深圳图书馆之城

深圳图书馆之城是深圳市文化局在其《深圳市建设"图书馆之城"(2003~2005)三年实施方案》中提出的深圳市公共图书馆事业建设蓝图。其具体含义是:用三年时间,争取让每个社区(村)都有一座规模不等的图书馆(室)或"共享工程"基层网点;到 2005 年底,基本实现每 15 万常住人口拥有一座公共图书馆,每 1.5 万常住人口拥有 1 个社区图书馆(室);以现有的各级公共图书馆和新建的社区图书馆网点为基础,联合其他系统图书情报部门,建立覆盖全城、服务全民的文献信息资源共享网络,使深圳成为人人可用任何图书馆的没有边界的大图书馆网。经过三年时间的努力，到2006年底，深圳拥有市级馆3个（深圳馆、少儿馆、科技图书馆即大学城图书馆），区级馆6个，街道馆51个，社区馆473个。

深圳"图书馆之城"的建设工作主要集中在3个方面：基层图书馆建设、总分馆体系建设、四级服务网络建设。社区/村图书馆的最初设置经费大都来自区财政。各区图书馆都不同程度地参与了社区图书馆建设。深圳图书馆之城的总分馆关系主要存在于各区馆及区内的部分街道馆和社区馆之间，但在不同的区，总分馆的建设模式也不相同。

目前的深圳图书馆之城至少包含7个边界清晰的资源共享网段。第一个网段是由深圳图书馆与6个区图书馆构成的有限"通借通还"网络，该网络在技术上采用D-ILAS系统支撑；在物流上使用物流公司的服务，每周配送三次。另外6个网段由6个区图书馆分别与它们的分馆构成。福田区图书馆共有8个街道分馆和80个事实上的社区分馆，其中8个街道馆、15个社区馆与区图书馆一起构成了"有限通借通还"网。南山区图书馆目前有两家分馆，均与总馆实行通借通还。宝安区图书馆有68个分馆，但各馆之间只能通借不能通还。

点评：

"图书馆之城"建设改善了深圳市公共图书馆的分布，提高了公共图书馆基础设施的覆盖率，客观上开展了一场有关公共图书馆的启蒙，在一定程度上突破了图书馆建设体制的限制，实现了资源与服务的跨边界延伸。通过这样的资源流动，改善了整个深圳市民对公共文化及信息资源的可获得性。"图书馆之城"建设经费充足、管理到位、上下协调等优势，使它比其他地区的服务体系建设更彻底（直达第四级）、更深入（覆盖了绝大多数社区）；但另一方面，也使深圳市公共图书馆服务体系带上了政府项目的局限，即基层网点发展过快、建设标准缺乏弹性、经费投入缺乏长远考虑等。这样的建设思路需要较多的经费投入，如果没有强大的政府支持，单凭现有图书馆的常规经费是很难做到的。

6.8 技术先行的东莞模式

东莞图书馆通过“技术统领”策略，有效地实现了对区域内各图书馆业务的整合，建立与东莞地区经济和社会发展相适应的文献信息资源保障与服务体系。通过开发“数据集中管理、零维护、易推广”的“Interlib 图书馆集群网络管理平台”，实现了区域内各图书馆技术平台的统一，既解决了基层图书馆经费短缺、技术力量薄弱、系统维护困难的问题，从而为网络内图书馆各项业务的规范统一、通借通还服务的开展奠定了坚实的基础；中心馆的地位也得以确立。技术和管理两个方面保障了东莞模式的总分馆制——在不改变原有行政隶属及人事和财政关系的情况下，以技术统领、业务协作和资源共享为特征——的实施。2004 年 5 月东莞市政府下发了《关于印发东莞地区图书馆总分馆制实施方案的通知》，正式开始在东莞地区推行城市图书馆总分馆管理模式。截至 2007 年初，全市已建立起 1 个总馆、26 个分馆（已签订协议的 18 个）、一百多个服务站的集群图书馆网络，覆盖东莞 32 个镇区，初步构建起了城市图书馆公共服务体系。

东莞地区图书馆总分馆制是以东莞城市中心图书馆（即东莞图书馆新馆）为总馆，以各镇（区）、各系统图书馆为分馆，以社区图书馆、单位内部图书馆资料室为网点，以图书流动车为补充和调节手段的地区性图书馆集群网。第一步实现统一采购、集中编目、通借通还，达到“合理分工、共同负担、分别保存、合并使用”的目的；第二步将行政管理变为行业管理，分馆作为总馆派出的一个机构，其人员、财务及设备均由总馆管理，达到“集中使用资金投入，合理组织专业分工，统一业务规范管理，最大实现资源共享”的目的，建立起国际上通行的总分馆体制。在东莞地区总分馆建设的要点包括：总馆负责全区域内文献资源的采购、编目、分类、标引、加工，同时指导和协调读者服务工作；分馆专事各种读者服务工作；总、分馆之间实行通借通还，共同保障市民服务。

运作方式:基层馆在馆舍、设备、人员具备必要的条件以后,提出加入总分馆的申请;总馆现场检查办馆条件是否达到要求;基本符合条件后签订意向书;在总馆指导下按分馆建设标准进行改造;总馆进行复查、验收;合格后签订共建东莞地区总分馆协议,挂牌开馆服务。必要的程序包括:统一标识(总分馆统一采用"e"字标志,在读者证、挂牌、馆内标识、宣传用品、办公用品时加以应用)、网络连接、同一业务系统准备(直接开通或系统转换)、读者证发放、最后是图书流通服务。

业务管理系统和网络通讯费由市财政统筹,按实际加入的镇区分馆数量,以一定基数划拨总馆统一配给,镇区分馆其他建设费用由镇区财政负担。

目前,各分馆统一采用集群化管理系统,但并不实行图书的统一采购。各馆采购的文献资源产权归各个馆,书目数据在东莞图书馆的中央书目库内。各分馆采购的图书由各分馆自行分编,可以进行套录,即下载总馆的书目数据,总馆负责校审。数字化资源由东莞图书馆统一采购,购买的是全市的使用权,分馆可以共享。

东莞图书馆在总分馆建设中承担总体管理和统筹协调的职责,负责规划部署、组织推动和业务指导工作。总馆指定了专门部门具体指导分馆建设,并设立了文献采编、读者服务、技术支持等业务工作小组,组长由总馆相应部门的主任(或副主任)兼任,在主管馆长的组织协调下推进总分馆制的运作。

点评:

技术统领是东莞图书馆总分馆体系的突出特色,也是一种创新。东莞市实行的是市镇两级管理体制,没有区(县)级行政建制。这是东莞较之其他地区比较特殊的地方。因此,图书馆总分馆体系也相应少了一个层次,相对扁平,使得管理上更直接和有效。在业务上,总分馆制在一定程度上减少了文献资源重复购买、采编工作重复劳动、业务部门重复设置等问题,提高了图书馆资源优化组合与共享的程度。

目前东莞地区尚属有限通借通还,各成员馆的图书分属各馆,图书只能在其所属馆进行借出和续借，造成了一部分图书的“滞留”状态，不利于文献的及时、充分利用。这个问题在技术上并非不能解决，阻力可能主要不来自于技术，而是来自于观念或其他障碍。

在人员管理方面，东莞总分馆制实行的是现有人事权不变情况下的图书馆联合。虽然事实上东莞图书馆在总分馆建设中承担了总体管理和统筹协调的职责，但由于没有行政管理权，在很多问题上就难以行使决策权，从而限制了它对整个总分馆建设的推动力度。

6.9 “同城生活，同城便利”——佛山市联合图书馆模式

2004 年 6 月，佛山市图书馆提出了《佛山市联合图书馆实施方案》。其实施目标为：以公共图书馆为主体，吸纳各行业系统、各种类型的图书馆加盟，建设“统一标识、统一平台、统一资源、统一管理、分散服务”的佛山市联合图书馆体系，形成纵横双向的服务网络。纵向上，构建市、区、街道（镇）和社区（村）四级图书馆服务网络；横向上，联合其他类型图书馆作为联合图书馆的成员馆，以达到优势互补、资源共享、协同服务的目的。具体的构架是以佛山市图书馆为龙头（一级中心），其职责是“承担管理平台的提供和维护，以及整个规划、标准的制定和培训”；各区图书馆为骨干（二级中心），其职责是“分担市级馆的职责，承担区内的系统维护，部分书目数据库的建设”；街道图书馆为节点，其职责是“接受上级馆的指导，立足阵地、开展服务”；社区馆和加盟馆作为网点，其职责是“优势互补，资源共享，协同服务”。为达到这个目标，佛山市图书馆采用了技术先行的办法，于 2004 年初开始，与专业 IT 公司合作开发适用于联合图书馆构想和运作的自动化管理技术平台——UnionLib 管理系统。这是一个有多级分布存储数据的管理平台，将区馆二级中心列为管理系统的子系统，因而区图书馆可以实现自主采访、分编、办证，并对下属街道、社区馆实行管理，而

各子系统的数据可以同时在主系统数据库中得到复制，从而实现联合办证、统一检索、通借通还、资源共享的目标。

佛山市联合图书馆的口号是：同城生活，同城便利。

在佛山市联合图书馆中，各个成员馆、各区图书馆体系在管理上并不相同。市、区两级之间的管理，是一种资源+管理系统为纽带的管理，主要还是业务层面的管理；区级体系内，大多为总分馆关系，有的实施统一的紧密型管理，有的实施松散的业务指导型管理，或不同程度的委托式管理。

联合图书馆的模式最早产生于禅城，而后推广到整个佛山市。在运作模式上有着其独特性，创建了迄今为止我国唯一的纯粹意义的总分馆体系。

2002 年 9 月，佛山市禅城区正式提出了建设佛山市禅城区"联合图书馆"的规划和设想，建设的目标是：建成主馆 1 个、分馆 8—9 个的图书馆群，统一标识、统一资源、统一管理、分散服务。联合图书馆由区政府作为建设主体、街道办事处和当地企业共同参与（提供不少于 500 平方米的场地），其文献资源所有权全部归属总馆，人、财、物均由总馆统一管理调配，服务质量由总馆统一把握，形成全区图书统一采购，书目数据统一编制，书刊通借通还，资源完全共享的联合服务体系，使每 10 万禅城区常住居民拥有一座公共图书馆。在区政府的主导下，禅城区以强大的街镇特色工业为基础，将图书馆建设与本地产业特色相结合，借助专业图书馆力量搭建公共图书馆的服务平台，形成了特色化的专业分馆。禅城区图书馆于 2005 年 6 月和 2006 年 3 月，又分别与澜石、环市两个街道合作，建起了澜石金属分馆和环市童装分馆。2006 年 6 月，"禅城区联合图书馆"正式挂牌，采用佛山市联合图书馆统一标识。至今，禅城区已形成了由一个总馆、四个分馆组成的、总馆直接管理分馆、服务标准统一、完全通借通还的总分馆体系。

点评：

佛山市联合图书馆在结构上有二级管理中心，因此，只要有区级图书馆加入联合图书馆,区以下的街道、社区图书馆都可以由二级管理中心按联合图书馆的规划和规范去发展、去管理,成员馆的规模可以较快增长。分层管理结构与“多级分布存储数据的管理平台”配合,较好地解决了管理层次和技术层次不一致的问题。为总分馆体系和区域性服务网络的共同发展积累了宝贵经验。与东莞的集群图书馆一样,佛山市联合图书馆在全市的推广,也在很大程度上得力于其“技术先行”策略:为成员馆提供适用的管理系统,将各成员馆紧紧聚集在一起,进而实现资源共享。

联合图书馆起步之时,带有明显的图书馆人“穷则思变”的创新精神,当时的禅城区不仅不是当地经济最强大的区,而且还是图书馆事业相对欠发达的区,全区仅只有一个不到 2000 平方米的小馆。就是在这样的基础上,禅城区采用政府主导、社会合作的建馆之路,从而实现了禅城区图书馆的较快发展。这种思路和做法至少对一部分地区具有借鉴价值。

联合图书馆在禅城区创建了以总分馆的建设主体和主管部门同一性为基础,统一经费来源、统一管理、统一服务的总分馆体系,为在我国建设真正意义的总分馆提供了一个难得的案例。在禅城区的总分馆体系中,分馆是总馆的有机组成部分,人、财、物完全由总馆撑控,分馆的运行成本完全纳入总馆成本。这是一个总馆分馆浑然一体的体系,与“联合图书馆”的名称并不相符。

6.10 资源共建共享体系建设

本章所述各类模式,只是目前我国信息资源共建共享模式的一部分,对我国基层图书馆信息资源共建共享体系建设,具有一定的示范意义。就全国范围而言,图书馆界分为公共、科研院所、高校等几个系统,分属不同的行政机构领导和管理。目前各系统内部的信息资源共建共享工作正在有条不紊地进行。教育部、国家发展与改革委员会、财政部支持的中国高等教育文献保障系统(CALIS)和中国教育与科研网(CERNET),文化部和财政部支持的全国文化信息资源共享工程(文化共享工程),科技部支持的国家科技图书文献中心(NSTL),科学院支持的国家科学数字图书馆(CSDL)和教育部支持的中国高校人文社会科学文献中心(CASHL)等全国性文献资源共享体系分别开展了高校、公共和科研系统图书馆的文献信息资源共享,一些地区性信息资源共享体系,如江苏省高等教育文献保障系统(JALIS)、天津高等教育文献信息中心、上海教育网络图书馆和北京高校网络图书馆等实现了某一地区某一类型图书馆的信息资源共享。这些项目大都在2000年前后启动,分属不同的图书情报系统,由不同的部委或地方政府领导,宗旨都是促进系统内或地区间信息资源的共建共享。①

为建立适合我国国情的资源共建共享体制,必须从如下几方面入手:②

6.10.1 建立法律保障体系

要建立图书馆信息资源共建共享的法律保障体系,制定相应的政策法规,规范各方面的行为,以确保各方的利益不受侵害。完备的法律建设是图书馆信息资源共建共享工作的行动指南,只有运用完备的法律才能从根本上规范、保障、指导和协调图书馆信息资源共建共享的建设,从而有效地促进图书馆事业的快速发展。我国即将出台的《图书馆法》及与之相配套的法律法规,应该对信息资源共建共享的社会地位、经费保障、各成员的权利和义务,以及信息资源共建共享的体制和运行机制、总体布局等做出明确规定;应该对信息资源共建共享引起的一系列问题,如版权保护、网络安全、文献复制、传递、编目、检索、互借等,制定统一运作的标准规范。

---

① 姚晓霞,冯英,陈凌.信息资源共建共享可持续发展的运作机制研究.信息资源建设,2008(1)

② 邱新红.图书馆信息资源的共建共享.图书馆管理论坛,2007(17)

6.10.2 进一步完善管理体制

长期以来,我国图书馆界分成公共、科研、高校三大系统,管理松散,不利于未来图书馆信息资源共建共享的发展。合理的体制应该是多元化的、立体的、综合的。应建立一个全国性信息资源管理职能机构,实现全国各系统、各地区图书馆信息资源的合理配置和统一协调管理,并对自动化、网络化的建设与发展实行统一规划和指导。横向上,在省一级加强各省学会的功能,以便协调和统一各类图书馆信息资源共建共享,减少重复投资与建设;纵向上,各系统加强领导。目前由教育部组织实施的高等教育文献保障系统(CALIS)工程是一个很好的示范。

6.10.3 普及使用新技术

信息时代的来临,网络技术的不断更新,用户要求可以在任何地方、任何时间自由地咨询、搜索、利用虚拟图书馆及传统图书馆中的信息资源,不受借阅时间、期限与区域的限制,是信息资源真正共享的"大公共图书馆"服务模式。这就迫切需要各图书馆借助于科技的力量普及、使用新技术,如中文信息处理技术、缩微技术、数据库技术、多媒体技术、光盘技术、网络通讯技术、计算机应用技术等;引进适应图书馆信息资源共建共享发展需求的现代技术设备及掌握该技术的人才;加强图书馆局域网、广域网及 Internet 网等系统工作人员高级技能的培训及深层次继续教育,为图书馆信息资源共建共享提供良好的技术保障,为广大群众提供更加便捷的服务,更加丰富的信息资源。

6.10.4 不断加强网络建设

图书馆网络建设是一项综合工程,必须进行科学的规划。首先,应建立一个全国性功能齐全、运转迅速的信息资源共建共享网络和资源布局保障系统,同时加强各级各类图书馆的特色馆藏建设,统一系统网络环境软、硬件和技术支持。其次,应加强图书馆信息资源的数据库建设。第三,在图书馆信息资源共享网络中心,建立公共查询系统。第四,建立规范化的电子交换书目数据库,图书馆可以此来查重、登录、催缺、加工预订目录和新书报道。第五,建立统一的馆际互借系统,处理馆际互借的相互联络、借出馆的信息资源在库情况、预约借阅等。

6.10.5 努力培养高素质人才

人才是开展信息资源共建共享工作的关键。网络的运行、数据库的开发、高精尖信息技术的使用都需要人才。信息资源共建共享涉及方方面面的知识和技能,不是复合型人才,很难胜任此项工作。我国图书馆高层次的人才不多,尤其是缺乏一批掌握现代化管理知识、具有较高外语水平和既有图书馆专业知识又能熟练操作现代化设备的计算机操作人员。图书馆应加大培养人才的力度,可通过培训班、研讨班等多种形式,交流经验,研讨业务。通过分期分批培训、接受继续教育、吸收其他专业领域人员特别是计算机专业人员等方法,全面提高图书馆工作人员的业务素养、改善群体知识结构,为图书馆资源共建共享的全面开展提供人才保障。

附录：基层图书馆信息资源建设参考资料

附录1 《格拉斯哥宣言》

值此国际图联成立75周年之际，国际图联宣告：国际图联强调自由获取和传播信息是人类的基本权利。

国际图联及其全世界的图联会员支持、捍卫和促进信息自由，这一点在联合国所颁布的《世界人权宣言》中也有表述。信息自由包括人类知识、见解、创造性思维和智力活动。

国际图联强调促进信息自由是世界范围内图书馆和信息服务机构的主要职责，这一点应通过图书馆行业规范的制定和图书馆的实践活动来予以证明。

• 图书馆和信息服务机构向用户提供获取各种媒介和各国信息、见解及富有想象力作品的渠道。图书馆和信息服务机构是通向思想和文化的大门，为个人和团体的独立决策、文化发展、研究及终身学习提供必要的支持。

• 图书馆和信息服务机构为信息自由的发展和维护，民主价值和世界人权的捍卫起着重要的作用。因此，图书馆和信息服务机构应为用户提供自由获取相关信息和服务的渠道，反对任何形式的审查。

• 图书馆和信息服务机构应获取和保存各种各类反映社会广泛性和多样性的信息。馆藏资料的选择和图书馆的服务应从专业角度考虑和管理，而不是从政治、伦理和宗教的角度。

• 图书馆和信息服务机构应将他们所有的信息资料、设备和服务平等地提供给所有用户使用。不论他们国籍或种族、性别、年龄、伤残情况、宗教、政治信仰等都必须平等对待。

•图书馆和信息服务机构应保护每个用户寻求、接受、咨询、借阅、获得和传递信息的隐私权。

国际图联特此号召图书馆和信息服务机构及其所有工作人员应支持和促进信息自由原则的贯彻,提供自由获取信息的渠道。

2002年3月国际图联管理委员会在荷兰海牙通过,2002年8月19日国际图联理事会在英国格拉斯哥公布

附录2 IFLA的《图书馆与知识自由声明》

IFLA作为国际图书馆界的利益代表组织,在其制定和发布的宣言或声明中,也一直旗帜鲜明地主张和捍卫信息自由原则。1999年3月25日,IFLA通过了《图书馆与知识自由声明》,下面是其中几个条款摘录:

•IFLA支持、捍卫和促进《联合国世界人权宣言》中确立的知识自由原则。

•知识自由是图书馆和信息同行的核心责任。

•IFLA呼吁图书馆和图书馆员坚持知识自由、不受限制地获取信息和表达自由的原则,承认图书馆用户的隐私权。

•图书馆应尽力发展和保护知识自由,帮助维护基本的民主价值和普遍的公民权利。

•图书馆的经费来自公共资源,公众有权利用其资源,图书馆应该坚持知识自由的原则。

附录3 《中华人民共和国著作权法》节选(2001)

第二十二条　在下列情况下使用作品,可以不经著作权人许可,不向其支付报酬,但应当指明作者姓名、作品名称,并且不得侵犯著作

权人依照本法享有的其他权利：

（一）为个人学习、研究或者欣赏，使用他人已经发表的作品；

（二）为介绍、评论某一作品或者说明某一问题，在作品中适当引用他人已经发表的作品；

（三）为报道时事新闻，在报纸、期刊、广播、电视节目或者新闻纪录影片中引用已经发表的作品；

（四）报纸、期刊、广播电台、电视台刊登或者播放其他报纸、期刊、广播电台、电视台已经发表的社论、评论员文章；

（五）报纸、期刊、广播电台、电视台刊登或者播放在公众集会上发表的讲话，但作者声明不许刊登、播放的除外；

（六）为学校课堂教学或者科学研究，翻译或者少量复制已经发表的作品，供教学或者科研人员使用，但不得出版发行；

（七）国家机关为执行公务使用已经发表的作品；

（八）图书馆、档案馆、纪念馆、博物馆、美术馆等为陈列或者保存版本的需要，复制本馆收藏的作品；

（九）免费表演已经发表的作品；

（十）对设置或者陈列在室外公共场所的艺术作品进行临摹、绘画、摄影、录像；

（十一）将已经发表的汉族文字作品翻译成少数民族文字在国内出版发行；

（十二）将已经发表的作品改成盲文出版。

以上规定适用于对出版者、表演者、录音录像制作者、广播电台、电视台的权利的限制。

附录4 《信息网络传播权保护条例》节选(2006)

第六条通过信息网络提供他人作品，属于下列情形的，可以不经著作权人许可，不向其支付报酬：

（一）为介绍、评论某一作品或者说明某一问题，在向公众提供的作品中适当引用已经发表的作品；

（二）为报道时事新闻，在向公众提供的作品中不可避免地再现或者引用已经发表的作品；

（三）为学校课堂教学或者科学研究，向少数教学、科研人员提供少量已经发表的作品；

（四）国家机关为执行公务，在合理范围内向公众提供已经发表的作品；

（五）将中国公民、法人或者其他组织已经发表的、以汉语言文字创作的作品翻译成的少数民族语言文字作品，向中国境内少数民族提供；

（六）不以营利为目的，以盲人能够感知的独特方式向盲人提供已经发表的文字作品；

（七）向公众提供在信息网络上已经发表的关于政治、经济问题的时事性文章；

（八）向公众提供在公众集会上发表的讲话。

第七条图书馆、档案馆、纪念馆、博物馆、美术馆等可以不经著作权人许可，通过信息网络向本馆馆舍内服务对象提供本馆收藏的合法出版的数字作品和依法为陈列或者保存版本的需要以数字化形式复制的作品，不向其支付报酬，但不得直接或者间接获得经济利益。当事人另有约定的除外。

前款规定的为陈列或者保存版本需要以数字化形式复制的作品，应当是已经损毁或者濒临损毁、丢失或者失窃，或者其存储格式已经过时，并且在市场上无法购买或者只能以明显高于标定的价格购买的作品。

第八条为通过信息网络实施九年制义务教育或者国家教育规划，可以不经著作权人许可，使用其已经发表作品的片断或者短小的文字作品、音乐作品或者单幅的美术作品、摄影作品制作课件，由制作课件或者依法取得课件的远程教育机构通过信息网络向注册学生提供，但应当向著作权人支付报酬。

第九条为扶助贫困,通过信息网络向农村地区的公众免费提供中国公民、法人或者其他组织已经发表的种植养殖、防病治病、防灾减灾等与扶助贫困有关的作品和适应基本文化需求的作品,网络服务提供者应当在提供前公告拟提供的作品及其作者、拟支付报酬的标准。自公告之日起30日内,著作权人不同意提供的,网络服务提供者不得提供其作品;自公告之日起满30日,著作权人没有异议的,网络服务提供者可以提供其作品,并按照公告的标准向著作权人支付报酬。网络服务提供者提供著作权人的作品后,著作权人不同意提供的,网络服务提供者应当立即删除著作权人的作品,并按照公告的标准向著作权人支付提供作品期间的报酬。

依照前款规定提供作品的,不得直接或者间接获得经济利益。

第十条依照本条例规定不经著作权人许可,通过信息网络向公众提供其作品的,还应当遵守下列规定:

(四)采取技术措施,防止本条例第七条、第八条、第九条规定的服务对象以外的其他人获得著作权人的作品,并防止本条例第七条规定的服务对象的复制行为对著作权人利益造成实质性损害;

(五)不得侵犯著作权人依法享有的其他权利。

第十一条通过信息网络提供他人表演、录音录像制品的,应当遵守本条例第六条至第十条的规定。

第十二条属于下列情形的,可以避开技术措施,但不得向他人提供避开技术措施的技术、装置或者部件,不得侵犯权利人依法享有的其他权利:

(一)为学校课堂教学或者科学研究,通过信息网络向少数教学、科研人员提供已经发表的作品、表演、录音录像制品,而该作品、表演、录音录像制品只能通过信息网络获取。

第十八条违反本条例规定,有下列侵权行为之一的,根据情况承担停止侵害、消除影响、赔礼道歉、赔偿损失等民事责任;同时损害公共利益的,可以由著作权行政管理部门责令停止侵权行为,没收违法所得，并可处以 10 万元以下的罚款；情节严重的，著作权行政管理部门可以没收主要用于提供网络服务的计算机等设备；构成犯罪的，依法追究刑事责任：

（四）为扶助贫困通过信息网络向农村地区提供作品、表演、录音录像制品超过规定范围，或者未按照公告的标准支付报酬，或者在权利人不同意提供其作品、表演、录音录像制品后未立即删除的。

第十九条违反本条例规定，有下列行为之一的，由著作权行政管理部门予以警告，没收违法所得，没收主要用于避开、破坏技术措施的装置或者部件；情节严重的，可以没收主要用于提供网络服务的计算机等设备，并可处以 10 万元以下的罚款；构成犯罪的，依法追究刑事责任：

（三）为扶助贫困通过信息网络向农村地区提供作品、表演、录音录像制品，未在提供前公告作品、表演、录音录像制品的名称和作者、表演者、录音录像制作者的姓名（名称）以及报酬标准的。

第二十六条本条例下列用语的含义：

信息网络传播权，是指以有线或者无线方式向公众提供作品、表演或者录音录像制品，使公众可以在其个人选定的时间和地点获得作品、表演或者录音录像制品的权利。

技术措施，是指用于防止、限制未经权利人许可浏览、欣赏作品、表演、录音录像制品的或者通过信息网络向公众提供作品、表演、录音录像制品的有效技术、装置或者部件。

权利管理电子信息，是指说明作品及其作者、表演及其表演者、录音录像制品及其制作者的信息，作品、表演、录音录像制品权利人的信息和使用条件的信息，以及表示上述信息的数字或者代码。

第二十七条本条例自 2006 年 7 月 1 日起施行。

附录 5 《图书馆文献采访工作规范》（征求意见稿）

为加强图书馆文献采访工作管理，规范文献采访工作操作，提高文献采访质量，特制定本规范。

一、制订采选方针及文献收集标准

（一）图书馆文献采访方针是指各图书馆为采访文献所制订的规定或制度，是文献采访工作的重要依据。各馆应根据本馆的性质、任务、经费、读者对象等认真制订本馆文献采访方针，保证馆藏文献资源建设的完整性和系统性。

文献采选方针一般包括总则和细则两部分。总则是对本馆文献资源采选的总任务、总方向、总要求和要达到的总体目标的说明。细则的主要内容应包括：

1. 文献采选的基本原则：即文献采选时应遵循的具体原则，应具有可操作性。

2. 各类型出版物的采选原则：规定不同载体文献的采选原则、采选方法及所占的比例。

3. 各学科文献采选的原则及标准：应区分重点学科和一般学科，并详细地规定各学科文献的采选标准。

4. 采访文献的结构：包括学科结构、等级结构、文种结构、时间结构等。

5. 复本量：规定各类文献每种的采访数量。

6. 文献采访方式及渠道：即各类文献的获得方式及管理办法。

7. 文献采购的工作流程：即文献采选的工作环节及要求。

8. 文献采访岗位的工作职责及要求。

9. 文献采购经费的管理及使用。主要规定本馆经费使用的审批程序及使用要求等。

（二）文献选择的标准是图书馆根据本馆文献采访方针制订的文献选择标准，应根据本馆的性质、任务、读者对象，并考虑文献的主题内容、文献的责任者、文献的出版者、文献的价格及文种、装帧、出版时间、地域等因素，制订详细、可操作性强的文献选择标准。

二、编写文献采购经费预算方案

文献采购经费，指图书馆用于购置文献的资金。采购经费的预算方案是图书馆对年度文献采购经费所做的整体方案及要求。主要应包括以下内容：

1. 馆藏建设和读者对文献的需求。包括各类型文献采访的数量及所需经费比例，及读者对文献类型、品种数量、文献语种的实际需求。

2. 上年度经费的使用情况。要对以前经费使用中出现的问题做详尽合理的分析。

3. 当前的主要问题。突出图书馆文献资源建设面临的主要问题及所带来的严重后果。

4. 经费预算及其可行性分析。提出的预算要有依据，项目及数字合理准确。具有可行性、可操作性。

编制文献采购经费预算方案应遵循实用性原则、实事求是原则、重点突出原则、科学性原则、可行性原则。重点突出年度图书馆文献资源建设的需求和用户对文献资源的实际要求，准确反映图书馆文献采购经费的使用情况。

三、建立文献采访管理制度

(一)建立经费管理制度。各馆应根据具体情况制定文献采访经费使用的管理制度。包括各级文献采选人员经费使用权限、经费审批程序、报账方法等。

(二)本馆文献采访工作规范。包括采购方案的设计，采访方式的确定，书商的选择，采访工作流程各环节标准化程度，如采访信息搜集、文献选择、文献查重、文献订购、文献验收的操作规范等。

(三)监督检查办法。包括对文献采购管理、采访工作质量、书商的考核办法等。

四、采访信息收集

(一)书目信息的收集

书目的收集是文献采选工作中的重要环节，工作内容包括书目信息的收集和对收集到的各种不同的书目信息进行汇集整理。

1. 掌握各种书目信息的来源及渠道。国内中文出版物主要书目信息的类型包括邮发书目、书店书目和出版社书目,还有专题性书目、回溯性书目、参考性书目、报刊书评、网络书目信息和其他信息等。国外出版物的书目信息主要有发行商书目、出版社书目、书评报道、在版书目、网上信息、国际交换目录等。文献采访人员应积极通过各种渠道收集国内外的书目信息,以保证书目搜集的完备性和准确性。

2. 注重对各种专业出版机构书目信息的搜集。特别是知名出版机构的书目信息。

3. 通过订购、免费获赠、展会搜集等各种方法收集书目信息。注重书目搜集现代化手段的应用,熟练掌握网络主要搜索引擎,了解主要专业网站、数据库的使用方法。

4. 加强对各类型出版机构书目信息的评价,评价应综合进行,主要内容包括:书目信息是否完备准确、是否及时、评价内容是否恰当、到货率、到货速度等。以选择出最适合于本馆使用的书目,其他书目可作为参考。

(二)馆藏文献资源调研

馆藏文献资源调研,就是对图书馆文献采选、文献入藏及满足读者需求情况进行调查评估的具体过程。通过分析馆藏的优势与不足,为今后馆藏文献资源建设提供科学、合理的依据。工作内容主要包括:

1. 制定调查方案及调查方法。调查方案主要包括调查的目的、调查规模、调查范围、调查方法、人员安排、时间进度、分析报告等。方案的制定须全面、可行,各种因素应考虑充分。

2. 具体实施。分配人员,根据确定的调查方案、实施细则将各项工作分配到各部门及相关人员。

3. 定期检查工作进度。了解并解决工作进度中出现的问题,并根据具体情况对调查进度做出适当的调整。建立内部反馈机制,加强与各部门的沟通及反馈。

4. 完成调查报告。调查报告的完成应经过认真统计、科学分析、总结成果、提出改进措施等步骤。

（三）读者需求的调查与分析

读者需求信息的搜集是文献采选工作的重要内容。通过对读者需求信息的搜集，为馆藏文献资源建设提供准确的参考数据。提高文献采选质量，满足读者的阅读需求。工作内容主要包括：

1. 制定调查方案及调查方法。调查方案主要包括调查的目的、调查规模、调查范围、调查方法、人员安排、时间进度、分析报告等。

2. 具体实施。根据确定的调查方案、实施细则将各项工作分配到部门及人员。

3. 定期检查工作进度。了解并解决工作中出现的问题，建立内部反馈机制，加强与各工作部门的沟通及反馈，使调查工作顺利进行。

4. 完成读者调查报告。汇集调查数据、分析统计结果，提出工作改进的方法和措施。

五、文献选择

文献选择是对搜集来的各种订购目录进行选择、确定要采访的文献。在实际工作中，各图书馆可根据本馆实际情况，采取文献初选、复选和终审三个流程，也简化为初选与复选两个流程。

（一）文献初选工作

文献初选就是图书馆采选人员对本馆所需文献的初步选择。文献初选工作的内容及要求：

1. 整理订购书目：对订购书目进行认真汇集、整理，剔除内容重复、信息不全的书目。

2. 圈定所需文献：根据本馆采访方针和选择标准对文献内容及订购与否进行认真的分析、判别，对拟选的文献进行初步的圈定。

3. 确定入藏复本量：指对拟选文献的复本量提出意见。

4. 归纳疑难问题：每一批订单处理完后，应对自己所做的订单进行检查、整理。认真核查所订的每一种文献是否合适、有无误选、复本量是否恰当。对价格较高及有疑问的文献做出标记，交由上一级文献采选人员进行处理。

（二）文献复选

其主要工作内容为:

1. 对下一级采选人员所做的文献初选书目进行全面审核,对出现的问题予以解决,并基本完成订单的确定工作。

2. 核查初选书目是否到达本馆的入藏标准、所选文献是否合适、是否有文献内容或对象不符合本馆入藏标准的情况,对漏订和误订的文献要及时处理。

3. 核查初选书目的复本量是否恰当,主要从文献的价值和实际需求角度去判断,还应考虑经费及书库情况,其中价格较高的文献复本量是复选核实的重点。

4. 对每批订单的整体情况做出记录,包括每批所订文献的种数、册数、总价格。对价格较贵的文献及需要馆内协调解决的采购问题做出记录,交上一级采选人员或采访委员会处理。

(三)文献采选的终审

文献采选的终审就是对每一种文献是否购买提出最终的决定。主要工作内容:

1. 文献终审只针对贵重文献和特殊文献。

2. 对文献采选人员提出的疑难问题进行最终解决。

3. 对文献采选中需要馆里解决的问题进行统一协调。

六、文献订单发送

文献采选订单也称订购目录,是图书馆订购文献时所使用的目录。通过制作、发送订单等工作环节,来完成文献的订购工作。文献采选订单发送可采取计算机、手工、网上采购等方式。

(一)文献采选订单的计算机录入

文献采选订单的录入,是指录入人员首先依据发行商提供的订购目录检索所需文献的订单数据,然后将每种文献的订购信息输入到文献采访系统中的工作。

1. 查重。通过文献的国际标准号(ISBN 号、ISSN 号、ISRN 号等)、书名、著者、出版社、订购号等多个检索途径对预订文献进行查重,避免产生误订。若上述方法仍不能解决问题时,还可通过其他途径(如出版社）进行查重。

2. 订单录入。主要项目有：文献的题名、责任者、出版者、标准书号、订购数量、价格、选订人、发订日期和发往单位等。录入完毕进行核查，保证各项录入数据准确。

3. 核查。每批订单录入完毕以后应进行核对，发现问题及时修改，然后予以确定。

4. 生成订单或批量打印，再以各种方式发送给书店或出版社。

（二）网上采购

在网上书店，直接登录其网站，查找相关栏目。选定文献后可放入“购物篮”，经查看后提交订单。但目前大多数国内图书馆受各种条件所限，较少采用这种方式。

七、政府采购

图书馆使用财政性资金采购政府采购目录以内的或者采购限额标准以上的文献，均应采取政府采购方式采购文献。

1. 合理选择政府采购方式。对于公开招标，邀请招标，竞争性谈判，单一来源采购，询价，政府采购监督管理部门认定的其他采购方式等政府采购方式，各馆需要针对不同的采购环境、采购对象等，合理选择政府采购方式。

2. 牢固树立“靠制度监督”理念。拟定政府采购工作规程，从制度上规范文献的政府采购行为。

3. 对整个采购过程，包括采购方案的设计、采购方式的确定、作业的标准化程度等进行评估，发现问题，及时调整。

八、文献验收

文献的验收是指图书馆所订文献到馆后，由验收人员对文献的数量、质量、价格等进行的核查工作。主要是核查订单、到货清单和文献，核对三者是否一致，文献的质量、数量是否达到入藏要求，文献价格是否有误。

（一）验收

1. 订购的核对。根据订单核查到货的图书是否为本馆所订，发现错发、漏发、搭配等现象,应在随书发送的清单上详细记录,并将非本馆所订的图书做退货处理。

2. 质量的验收。主要是检查文献是否有缺页、重页、倒装、污损、毁坏等问题。如有问题应在清单上注明。分析问题产生的原因,责任在对方时应及时做退换处理,责任在己方的应交给主管人员处理。

3. 数量的核对。核对文献数量与到货清单数量是否一致,如两者出现不符的情况,应在清单上注明。对到货清单上列有书名,而文献没有到货的情况也要在清单上及时注明,以作为实际结算的依据。同时核对配送文献的复本量是否准确。订数不足的应通知供货方及时补足,复本量多余的作退货处理。

4. 价格的核对。核对图书价格与订单价格、清单价格是否一致。发现清单价格和实际价格不符,应在清单上标明注明实际到馆价格。对实际价格高于订货价格的图书是否入藏,可按本馆相应的规定执行。

5. 装帧的验收。对文献的装帧形式进行检查,对一些经折装、卷轴装、活页及特殊开本的文献是否入藏应根据本馆规定进行处理,如没有必要入藏也可做退货处理。

6. 内容的验收。核查文献的内容是否符合本馆的入藏标准,发现文献实际内容与本馆入藏标准不符的问题,应与供货方商议做退换处理。有些文献的内容不适合对所有的读者开放,验收时也应特别注意。

7. 总金额的核对。每批图书验收完毕后,要根据实际验收情况重新核算金额,使到馆文献的金额与清单完全符合,并作为财务结算的依据。

(二)验收核对

文献验收的核对工作主要是对文献的验收工作进行抽查,对一些有问题的文献进行复查。内容包括:

1. 对某些文献是否入藏进行核对。主要是对文献的内容进行核对,看其内容是否符合本馆入藏标准。发现问题要及时提出并予以解决。

2. 文献价格的核对。主要是对文献的到货价格与实际价格不符进行处理。对价格相差较大的图书是否入藏应及时做出处理决定。

3. 文献质量的核对。根据本馆的规定,对虽然有质量问题,但不影响入藏与流通的文献做出相应处理。

4. 总金额的核对。根据实际验收情况对每批文献的总金额进行重新核对,尤其是对验收清单有问题的地方进行认真核对,所有清单的金额与总金额应完全相符。

九、文献登到

文献的登到又称藏书登录、登记、记到等。凡图书馆入藏的文献,都必须进行登到。

(一)登到

包括总括登到和个别登到两种,登到要求做到及时、准确、完整、一致。

1. 总括登到:在每批文献验收后进行,以反映出每批图书的入藏情况。在总括登录表中要注明每批文献的入藏时间、总括登记号(批号)、来源、发货单据号、总种数、总册数、总价格、内容、个别登记起止号等项目,如有需要还可按文献的学科类别分别记录种、册数,特殊情况可在备注中说明。

2. 个别登到:文献个别登到在总括登到后进行。首先要给每册文献打上“个别登录号”,个别登录号是唯一的,由于编制方法的不同,可分为总册序号、年份册序号、文种册序号、类型册序号四种形式(在使用计算机系统时用条码号即可),在规定的位置给文献加盖馆藏章。然后在个别登记表中以“册”为单位逐项填写,一般包括登记日期、个别登录号、总括登录号、书名、著者、出版者、出版年、单价、来源、注销号等项目,特殊情况可在备注中说明。

(二)文献登到核对

文献登到核对的重点是总括登到,对个别登到的核对主要是抽查。要求核对人员对工作中出现的各种问题能够及时、妥善地处理;

工作细致认真,各种记录清楚、准确。

1. 核对文献登到的批号、总种数、总册数、总金额。这些项目应避免错误,出现问题应在备注里注明。

2. 个别登到主要检查文献的登录号是否准确,每册图书是否都已登到,并对书名、作者、价格等适当抽查,保证登到的准确性。

十、非购入方式采选

非购入方式指图书馆不通过资金购买而通过其他途径获得文献的一种方式,包括征集、交换、缴送、捐赠、调拨等。

(一)文献征集工作

图书馆根据其特定需求,有针对性地从社会、单位、个人获取文献的一种方式。文献征集按范围可分为国内征集和国际征集,征集文献可采用社会公告、发函、登门等方式进行,主要工作内容有:

1. 信息发布。将本馆文献征集的信息,通过各种方式向社会发布,使文献的持有者能及时得到征集信息,了解图书馆的需求。从各种渠道掌握文献征集的信息,了解文献的来源,对所征集的文献价值应有一定的了解,信息的发布有一定的针对性。

2. 信函联系。包括信函起草和工作联系等。在函电联系中要求能够说明己方文献征集的目的、内容、联系方法等,使对方明确己方的意图。

3. 登门求索。了解文献的保存状况及对方的要求,并商讨下一步工作如何进行。

4. 具体准备。尽快处理反馈信息,及时与文献持有者沟通。根据双方的需要拟定具体工作方案并经主管人员或上级领导的批准。双方商量具体工作事宜,包括征集的书目、工作方式、时间、地点、人员安排、包装、运输等环节。

5. 文献验收。收到征集的文献后,应及时拆包验收,对文献的题名、种册数、质量等进行核查,同时做出准确的记录。有问题应通知对方,并商议解决办法。

6. 善后处理。征集工作完毕后,要将有关情况告知对方并表示感谢,如有遗留问题应双方商议进行处理。某些征集的文献还须支付一定费用。

（二）文献交换

文献的交换是指文献收藏者之间,在自愿的基础上,以协议为约束,相互交换文献,以达到互通有无、调剂余缺、丰富馆藏的一种文献补充方式。文献交换按范围可分为国际交换和国内交换,按交换形式可分为直接交换、间接交换、集中交换三种方式。交换工作内容及要求:

1. 根据本馆文献采选方针及馆藏所需,确定文献交换的内容及类型。文献交换应遵循目的性原则,实用性原则,对等性原则。

2. 有目的地选择交换对象,发出交换信函,建立交换关系。

3. 签订交换协议。协议应明确交换形式和交换方法,以及每年交换文献的数量和费用、交换文献的类型和学科范围、文献等级等。

4. 双方根据协议,互寄交换书目供对方选择。所需文献选定后,将书目寄给对方,对不宜交换的内部资料应特别注意。双方根据对方的书目采集文献,并互寄文献。

5. 收到对方所寄文献后,验收登到,建立交换档案,不适合流通或入藏的文献应妥善处理。交换的文献发出后,要及时通知对方验收。

6. 如有遗留问题应及时进行处理,包括互相补充缺失的交换文献。

7. 对于国外文献交换工作要严格外事纪律,重要问题应及时向有关领导请示。

（三）缴送

图书馆根据国家或地区的规定,接收的出版社或负有出版责任的单位缴送的出版物样本。

1. 样书验收登记。按照有关规定接受缴送文献,将出版社样书清单与收到样书逐一核对种数和册数,检查样书质量,无误后进行登记。发现清单与图书数量不符、出版社未按规定缴送、样书存在装帧错误、残缺和破损等质量问题应及时记录,并通知催缴人员进行补缴和调换。

2. 收集信息。广泛收集各种书目信息，了解和掌握图书缴送单位的出版总量、出版情况和缴送情况。

3. 催缴工作。加强缺缴图书的催缴工作，不断提高缴送率。建立缺缴图书目录，得到信息及时补充。注意成套图书、多卷集的配套补缺，保证馆藏的连续性和完整性。以电话、信函、走访等方式对未按规定缴送的出版社及有关单位及时进行催缴，并将联系情况记录备案。要求做到三勤：勤打电话、勤写信、勤答复。

4. 统计分析。对各出版社及有关单位的缴送情况进行统计、分析和评价。缴送统计要求做到数据准确无误，分析与评价准确客观，言之有物。按时上报有关部门。

（四）捐赠

是指社会上一些个人、团体、机构主动向图书馆赠送文献的一种方式。

1. 接待捐赠。接待赠书来访者和应答捐赠者电话态度要热情，收到邮包或来信应及时回复，并致诚挚谢意。

2. 接受赠送文献。对赠送文献进行查重，验收，确认所赠文献是否为本馆应收藏。对应入藏文献办理接收手续，不属于入藏范围的妥善进行处理。

3. 发放赠书凭证。接受的捐赠文献要向捐赠者发放赠书凭证，凭证填写要工整、认真，字迹清晰。

（五）调拨

指在上级主管部门或有关机构的组织或协调下，有计划地将一些图书馆或单位的文献无偿划拨给另一些图书馆的方式。由于文献类型和新旧程度不一，接受的图书馆应有针对性地选择入藏。

（六）文献采访的其他形式

1. 合作采购：又称为协调采购、联合采购。它是指某区域或系统内的各图书馆通过文献采购协调机构，明确各馆的收藏范围及收藏重点，建立文献联合采购体系，进而建立本地区或本系统的文献资源保障体系。

2. 集团采购:是指一定数量的图书馆在一个协调机制下,统一与供货商谈判,以较优惠价格购入文献的采购方式。

3. 各图书馆可根据本馆的具体情况,选择适当的采访方式。

十一、采访工作管理

(一) 文献采购经费管理

是指在采选工作过程中,对相关经费的使用和控制。主要内容包括:

1. 账目管理明确规范。采访部门应委派专人负责经费的管理与使用。账目要求清晰准确,便于日常查看。项目包括:批号、支出额度、支出日期、经办人、种数册数、收款单位、报账时间等。要定期对经费的使用情况进行检查、定期与财务人员对账,以准确掌握经费的使用情况。加强同财务人员的沟通,避免经费管理和使用的矛盾。

2. 合理计划经费使用。采购经费的使用应依据年度采购计划、有步骤地合理进行。包括文献采集的数量、经费分配比例以及完成采购计划的措施。对可能出现的超支或结余等情况应提前解决,以做到经费使用的平衡。

3. 财务手续规范。认真核对购书清单的价格和计算书价,保证到书的实际价格和清单价格、所有清单的价格与总价格完全相符。按每批书的实付款领取支票,同供书单位结账,并验收发票;填写请款单,有关人员签字后,及时办理请款、报账手续。严格遵守财务制度,禁止吃回扣问题。账目清楚,一切手续和凭证符合财务管理要求。定期向领导汇报购书经费的使用情况。

4. 监督管理。按要求做好经费统计,每年对经费的支出情况进行统计分析。定期进行对购书经费使用、报账情况等方面的检查。

(二)采访工作管理

主要进行采选工序环节的数量和质量检查、专项检查,采选工作的管理等。

1. 加强对文献采访的管理、研究与统计分析,努力解决采选工作中的问题。

2. 根据本馆有关规定，定期组织进行采选工作检查，检查项目齐全、安排合理。

(1) 对采选工序环节的检查，应包括审核选书质量和数量，抽查图书发订、验收、登记、移交等环节的工作数量和质量情况。

(2) 专项检查进行误采率、加工时限、书商的配书情况、业务统计、购书经费使用等方面的检查。

(3) 文献采购管理检查应包括有关政府采购的法律、行政法规和规章的执行情况；采购范围、采购方式和采购程序的执行情况；本馆有关文献采购经费管理的执行情况。

3. 发现问题及时要求改正，并撰写检查报告报有关领导和部门。

中国图书馆学会资源建设与共享专业委员会

附录6 《图书馆文献采访工作者行为准则（征求意见稿）》

序言

《图书馆文献采访工作者行为准则（征求意见稿）》（以下简称准则）是以《国家公务员行为规范》和《中国图书馆员职业道德准则（试行）》为指导，根据我国图书馆文献采访工作实际，为保证图书馆文献采访工作者履行自己的社会职责而制定的行业自律规范。

本准则的贯彻落实，有赖于图书馆文献采访工作者的自觉行动、图书馆馆长的具体指导、图书馆学协会组织的引导激励、图书馆间的积极合作，以及全社会的监督与支持。

本准则所言图书馆文献，指各种类型的图书、报刊、音像资料和电子出版物等图书馆馆藏文献。

本准则所言文献采访工作者，指所有从事图书馆文献的选择和采购的图书馆员，也包括图书馆馆藏发展政策制定和经费管理的图书馆员。

正文

一、社会责任：图书馆具有人类文明保护功能、文献信息传播功能、社会教育功能和娱乐消闲功能。作为图书馆工作的第一个环节，图书馆文献采访工作者应该具有社会责任感，为实现图书馆的功能而努力建设并完善馆藏文献资源。

二、敬业精神：图书馆文献采访工作者要充分认识文献采访工作在整个图书馆工作中的重要地位，热爱自己的工作岗位，甘于奉献，遵循信息资源建设的原则和规律，努力完成本职工作，并积极探索在各种情况下保证文献资源建设最优化的措施。

三、服务读者：图书馆文献采访工作者应时刻意识到自己是广大读者的忠实代表，是在为读者选书和采集文献，没有任何私利。要以服务读者为自己的工作目标，在图书馆采访方针的指导下，努力采集能够满足读者需要的文献。

四、遵纪守法：图书馆文献采访工作者应加强法律意识和道德修养，遵守国家的相关法律法规，尊重知识产权，遵守本行业的相关准则和规范，廉洁自律，自觉抵制文献采访过程中的各种违法违规行为。

五、交流沟通：图书馆文献采访工作者应努力协调与自己工作相关的各个行业（包括文献出版行业、文献销售行业）、馆内外的管理部门（包括馆内的财务管理部门和业务管理部门以及馆外的出版管理部门）和馆内其他部门（包括编目、加工和读者服务）之间的关系，努力让外界了解图书馆采访工作的性质和意义，创造有利于图书馆文献资源可持续发展的外部环境。同时，也应该保持与读者的交流与沟通，考虑到全国文献保障体系的大局、整个图书馆藏书的体系和部门内部的协调工作。

六、中立原则：图书馆文献采访工作者在文献的选择和采购环节中应该遵守中立原则。不应以个人的好恶、学术观点和经济利益决定入藏文献的选择；应对文献采购渠道进行公平、公正的评价和选择。

中国图书馆学会资源建设与共享专业委员会

附录7 “送书下乡工程”简介

送书下乡工程由文化部、财政部、新闻出版总署、中央文明办等八部委共同实施，国家图书馆具体承办。工程目标是自2003至2005年，文化部、财政部向300个国家级扶贫开发工作重点县图书馆和3000个乡镇图书馆(室)，赠送农村适用图书390万册。每年为每个县图书馆送书1000册，3年合计3000册；每年为每个乡镇图书馆(室)送书330余册，3年合计1000册。财政部每年为送书下乡工程安排专项经费2000万元，3年共安排6000万元。

工程采取专家选书、集中采购、统一装帧、直接配送的实施办法。配送图书将使用统一设计的封面，印有“文化部、财政部送书下乡工程”字样及专有标识。配送图书的选书原则为内容健康、实用性、可读性强、适合农村读者需要，内容包括政治理论、思想道德建设、市场经济、法律知识、科普知识、农业科技、实用技术、医药保健、生活百科、文学艺术、历史知识、体育娱乐，如：《中国农村村民自治制度研究》《百姓法律一点通丛书》《中国科普文选》《农民快速致富丛书》《家庭医学百科全书》《中国当代文学作品精选》等。为了保证书尽其用，送书下乡工程对受赠图书馆(室)条件进行了特别规定。县级图书馆必须具备三个条件：(1)属国家扶贫开发工作重点县；(2)图书馆馆舍面积500平方米以上；(3)每周开放时间不少于48小时。乡镇图书馆(室)必须具备五个条件：(1)国家扶贫开发工作重点县所辖的乡镇；(2)有保存图书、提供借阅的场地，不低于50平方米；(3)有接受过县以上图书馆业务培训的专(兼)职工作人员；(4)有图书借阅、保管等规章制度;(5)每周开放时间不少于20小时。

附录8 “农家书屋”工程简介

为充分发挥新闻出版在社会主义新农村建设中的重要作用,切实解决广大农民群众“买书难、借书难、看书难”的问题,从提高农民文化素质入手,促进新时期农村经济社会协调发展,根据《国家“十一五”时期文化发展规划纲要》的部署,新闻出版总署会同中央文明办、国家发展改革委、科技部、民政部、财政部、农业部、国家人口计生委联合成立“农家书屋”工程协调小组,从2007年开始在全国范围内实施“农家书屋”工程。

“农家书屋”是为满足农民文化需要,在行政村建立的、农民自己管理的、能提供农民实用的书报刊和音像电子产品阅读视听条件的公益性文化服务设施。工程建设坚持政府扶持、社会捐助、统一规划、分头实施的方针,多渠道吸收资金,整合各种资源,“十一五”期间计划在全国建立20万家“农家书屋”,到2015年基本覆盖全国的行政村。

“农家书屋”工程的主要任务是为广大农民普及科技知识,传播先进文化,提供精神食粮,体现人文关怀,努力满足广大农村群众最基本的精神文化需求和日益增长的多层次、多方面文化消费需要。

“农家书屋”工程的中长期目标是通过5—10年的建设,在全国农村逐步建立起“供书、读书、管书、用书”的长效机制,达到书屋阅读条件完备、体制机制相对完善、服务功能不断加强、出版物发行网络延伸进村、农村出版物市场初步形成的基本目标。

省级新闻出版行政部门会同本地区有关部门,设立相应组织协调机构,按照全国“农家书屋”工程总体规划和实施方案,组织实施本地区“农家书屋”工程。省级以下新闻出版行政部门会同当地有关部门,负责配合县、乡、村党政组织做好当地“农家书屋”的选点、装备、验收、监督、考核以及指导“农家书屋”开展读书活动等工作。

“农家书屋”所需出版物，由相关部门参照“农家书屋”工程协调小组办公室公布的推荐目录，结合本地实际情况，组织采购和配送。每一“农家书屋”原则上可供借阅的实用图书不少于 1000 册，报刊不少于 30 种，电子音像制品不少于 100 种（张），各地可根据本地区的实际情况，因地制宜，灵活掌握。具备条件的地区，可增加一定比例的网络图书、网络报纸、网络期刊等出版物。严防不良出版物进入“农家书屋”。

“农家书屋”管理、服务等各项规章制度，“农家书屋”建立一段时间后，对管理规范、服务较好、具有一定经营条件的，可在书屋管理人自愿的前提下，由新闻出版行政部门授予出版物经营许可证。书屋管理人在保证书屋正常运行的基础上，可开展出版物经营业务，获得的经营收入，按规定比例用于购买新的出版物，不断扩大书屋规模。

在 2006 年试点工作初见成效的基础上，2007 年要在进一步扩大试点的同时，完成全国及各省（自治区、直辖市）“农家书屋”工程规划编制、各地“农家书屋”规划选点、制定实施方案、落实资金来源和进度计划等工作。2008 年“农家书屋”工程在全国全面展开。2010 年底实现全国建立 20 万个“农家书屋”的目标。

附录 9 《中华人民共和国政府信息公开条例》节选（2007）

第五条　行政机关公开政府信息，应当遵循公正、公平、便民的原则。

第九条　行政机关对符合下列基本要求之一的政府信息应当主动公开：

（一）涉及公民、法人或者其他组织切身利益的；

（二）需要社会公众广泛知晓或者参与的；

（三）反映本行政机关机构设置、职能、办事程序等情况的；

（四）其他依照法律、法规和国家有关规定应当主动公开的。

第十条　县级以上各级人民政府及其部门应当依照本条例第九条的规定，在各自职责范围内确定主动公开的政府信息的具体内容，并重点公开下列政府信息：

（一）行政法规、规章和规范性文件；

（二）国民经济和社会发展规划、专项规划、区域规划及相关政策；

（三）国民经济和社会发展统计信息；

（四）财政预算、决算报告；

（五）行政事业性收费的项目、依据、标准；

（六）政府集中采购项目的目录、标准及实施情况；

（七）行政许可的事项、依据、条件、数量、程序、期限以及申请行政许可需要提交的全部材料目录及办理情况；

（八）重大建设项目的批准和实施情况；

（九）扶贫、教育、医疗、社会保障、促进就业等方面的政策、措施及其实施情况；

（十）突发公共事件的应急预案、预警信息及应对情况；

（十一）环境保护、公共卫生、安全生产、食品药品、产品质量的监督检查情况。

第十一条　设区的市级人民政府、县级人民政府及其部门重点公开的政府信息还应当包括下列内容：

（一）城乡建设和管理的重大事项；

（二）社会公益事业建设情况；

（三）征收或者征用土地、房屋拆迁及其补偿、补助费用的发放、使用情况；

（四）抢险救灾、优抚、救济、社会捐助等款物的管理、使用和分配情况。

第十二条　乡（镇）人民政府应当依照本条例第九条的规定，在其职责范围内确定主动公开的政府信息的具体内容，并重点公开下列政府信息：

（一）贯彻落实国家关于农村工作政策的情况；

（二）财政收支、各类专项资金的管理和使用情况；

（三）乡（镇）土地利用总体规划、宅基地使用的审核情况；

（四）征收或者征用土地、房屋拆迁及其补偿、补助费用的发放、使用情况；

（五）乡（镇）的债权债务、筹资筹劳情况；

（六）抢险救灾、优抚、救济、社会捐助等款物的发放情况；

（七）乡镇集体企业及其他乡镇经济实体承包、租赁、拍卖等情况；

（八）执行计划生育政策的情况。

第十五条　行政机关应当将主动公开的政府信息，通过政府公报、政府网站、新闻发布会以及报刊、广播、电视等便于公众知晓的方式公开。

第十六条　各级人民政府应当在国家档案馆、公共图书馆设置政府信息查阅场所，并配备相应的设施、设备，为公民、法人或者其他组织获取政府信息提供便利。

行政机关可以根据需要设立公共查阅室、资料索取点、信息公告栏、电子信息屏等场所、设施，公开政府信息。

行政机关应当及时向国家档案馆、公共图书馆提供主动公开的政府信息。

第三十八条　本条例自 2008 年 5 月 1 日起施行。

附录 10　世界上最成功的图书馆共享网络

目前国际上图书馆共享网络约有 100 多个，其中比较成功的当数美国联机计算机图书馆中心（OCLC）。

OCLC 始建于 1967 年，通过 40 年的发展，OCLC 由最初俄亥俄州 54 所大学图书馆组成的州内图书馆协作网，发展成为今天世界上最大的图书馆网络，向全球 84 个国家和地区的45 000多个图书馆提供信息服务。归结 OCLC 的成功因素有如下几个：一是非营利性质。美国的非营利机构变相得到了许多政府津贴，因而能使它们降低产品和服务价格，便利客户，同时在与营利机构的竞争市场中，增强了竞争能力。作为非营利机构 OCLC 须将所得全部盈余进行再投入，用以对现存产品与服务的改进、新产品和服务的开发和研究、资助会员项目等。二是会员间高度的协作精神。OCLC 凭借高度紧密的协作精神，在世界范围内筑起了一座藏有 4800 万种、83 000万册、涵盖 400 种语言、历时 4000 多年的图书馆资料的虚拟图书馆，这是任何单个图书馆所无法比拟的。三是强有力的服务手段。OCLC 的世界书目是世界上数量最大、综合性最强的书目数据库，它准确地帮助用户在世界范围内寻找文献资料并确认馆藏地点。OCLC 的其他服务如 Question-Point、First Service、Net Library 等皆能为读者提供超越时空限制、便捷高效的服务，使之共享全球信息。